멘사 미로 찾기

MENSA TRAIN YOUR BRAIN : MIND-TWISTING MAZES
by British Mensa Limited

Text © Carlton Books Limited 2016
Design © Carlton Books Limited 2016
Puzzles © British Mensa Limited 1994
All rights reserved.
Korean translation copyright © 2019 BONUS Publishing Co.
Korean translation rights are arranged with Carlton Books Limited through AMO Agency.

이 책의 한국어판 저작권은 AMO 에이전시를 통한 저작권자와의 독점 계약으로 보누스출판사에 있습니다.
저작권법에 의해 보호를 받는 저작물이므로 무단전재와 무단복제를 금합니다.

브리티시 멘사 지음
멘사코리아 감수

멘사코리아 Mensa Korea

주소: 서울시 서초구 언남9길 7-11, 5층
전화: 02-6341-3177
E-mail : admin@mensakorea.org

멘사 미로 찾기
머리가 똑똑! 집중력이 쑥쑥!

1판 1쇄 펴낸 날 2019년 2월 7일
1판 8쇄 펴낸 날 2023년 5월 25일

지은이 | 브리티시 멘사
감　수 | 멘사코리아

펴낸이 | 박윤태
펴낸곳 | 보누스
등　록 | 2001년 8월 17일 제313-2002-179호
주　소 | 서울시 마포구 동교로12안길 31 보누스 4층
전　화 | 02-333-3114
팩　스 | 02-3143-3254
이메일 | viking@bonusbook.co.kr
블로그 | http://blog.naver.com/vikingbook

ISBN 978-89-6494-366-3　73410

바이킹은 보누스출판사의 어린이책 브랜드입니다.

• 책값은 뒤표지에 있습니다.

멘사 미로로 집중력을 키워요

《멘사 미로 찾기》에는 전 세계에서 찾은 재미난 그림이 담겨 있어요. 아슬아슬 성벽을 타고, 무서운 괴물을 피해 미로를 탈출해야 해요. 원 속에서 빙글빙글 돌고, 말 타는 기사들 사이로 미로를 요리조리 빠져나가 보세요. 미로를 풀다 보면 자연스레 집중력을 키우고, 끈기도 기를 수 있어요.

때로는 미로의 출발점이 여러 개일 수 있어요. 진짜 출발점은 어느 것일지 찾아보세요. 길을 다 찾았다면 미로를 알록달록 색칠해 보세요. 멋진 그림이 완성될 거예요. 자, 연필과 지우개, 색연필이 준비되었다면 미로 속으로 떠나 볼까요?

구불구불 미로 정원을 지나요

2 아슬아슬 성벽을 타요

3 아얏! 따가운 가시덤불 숲이야

가운데 눈을 통해 지나가야 해

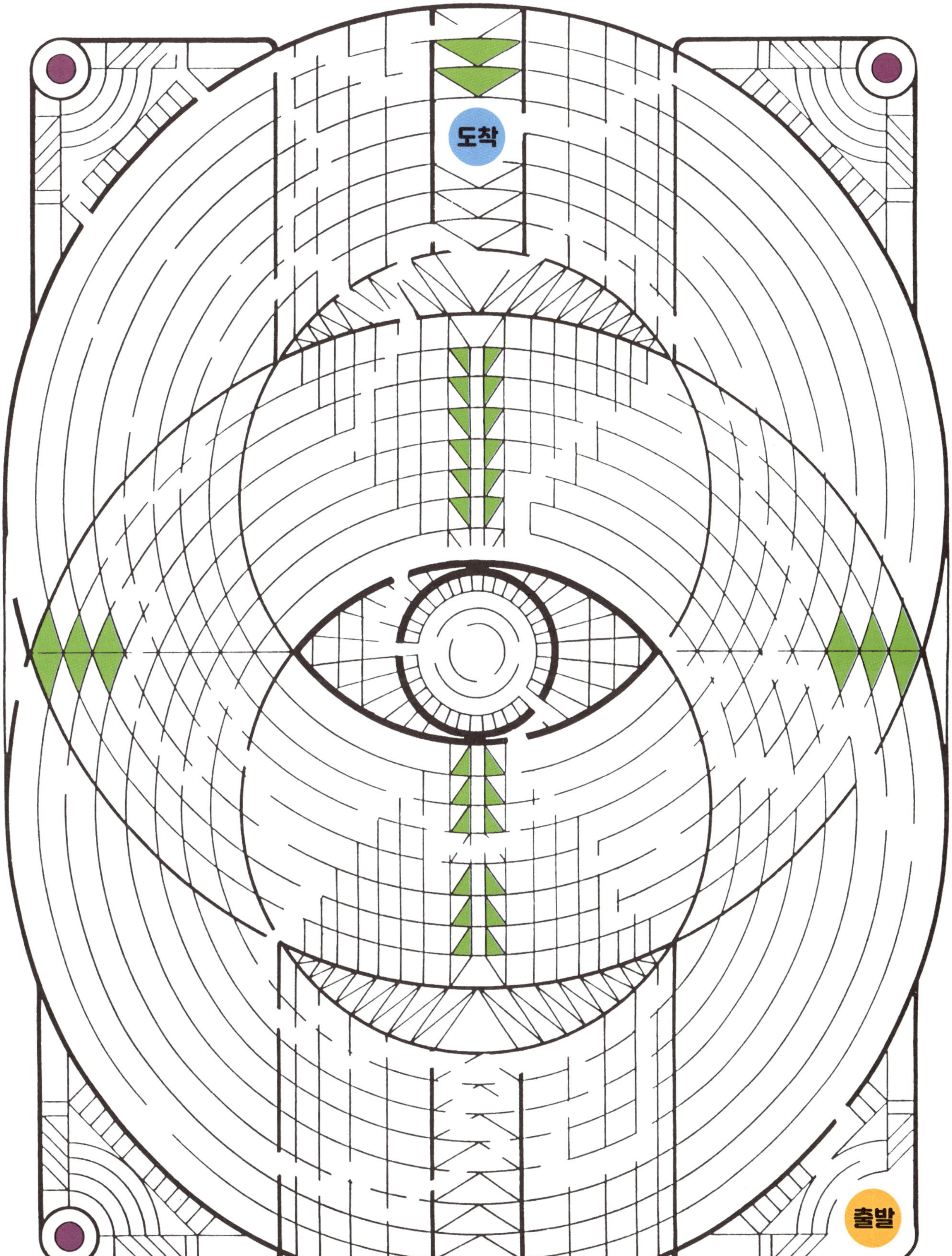

5 빛나는 별 사이로 떠나요

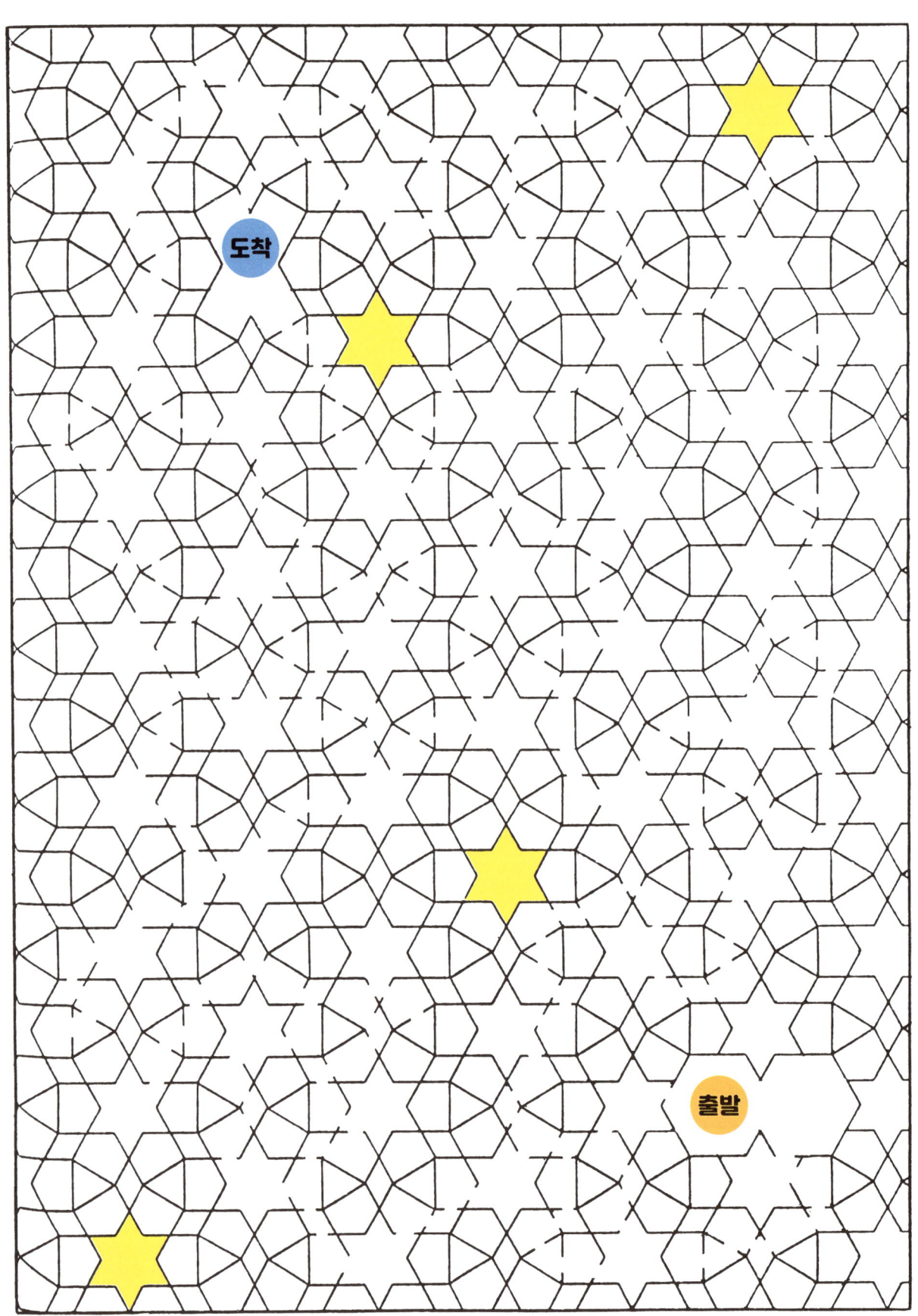

바람개비 사이로 요리조리 6

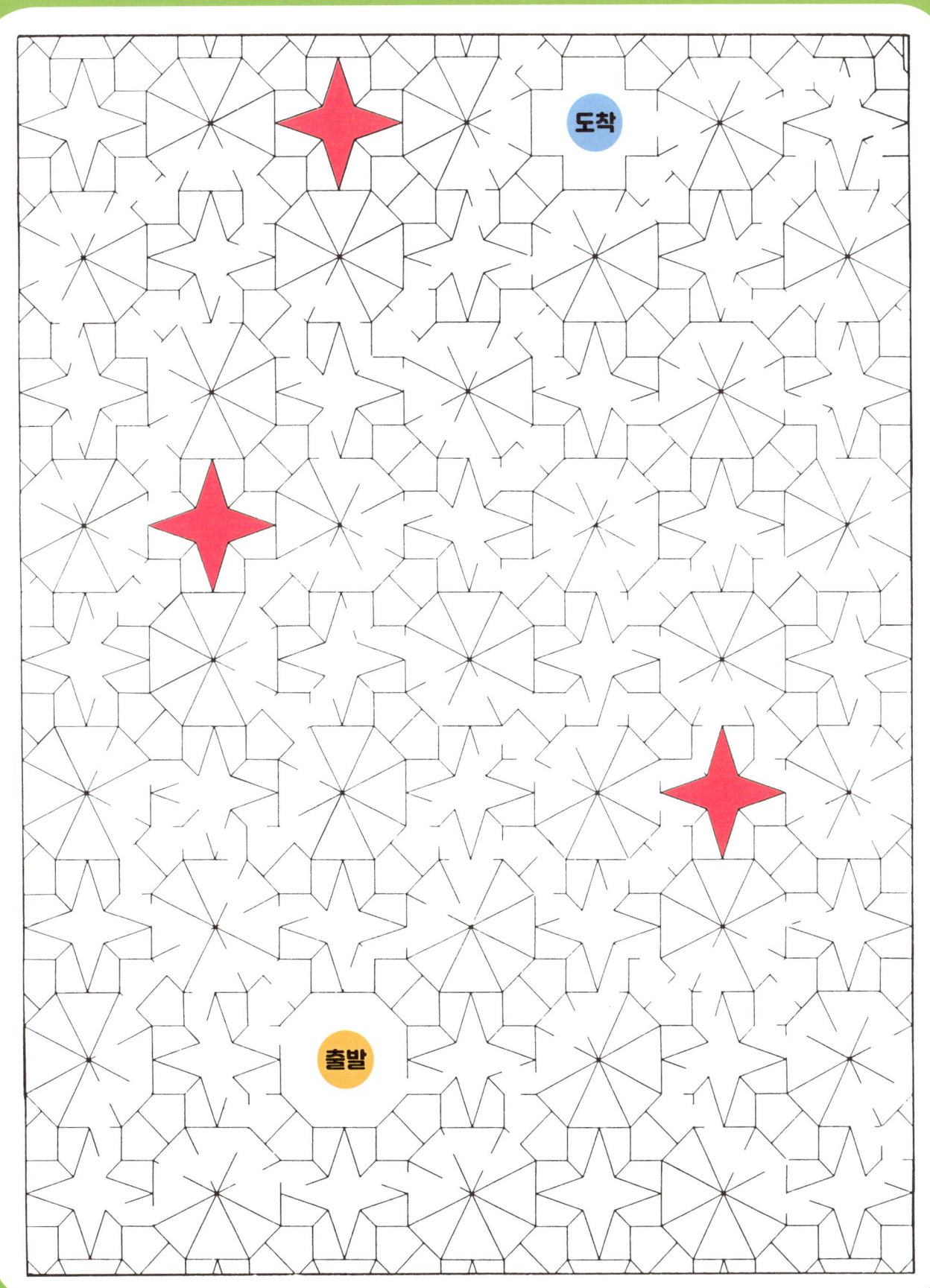

7 오른쪽, 왼쪽, 위쪽, 아래쪽을 모두 지나야 해

물릴 수 있으니 조심히 지나가자! 8

9 얼쑤! 꽃도 지나고 부채도 지나면 도착

으스스한 가면 ⑩

11 눈이 빙글빙글

눈꽃이 활짝 피었어요 12

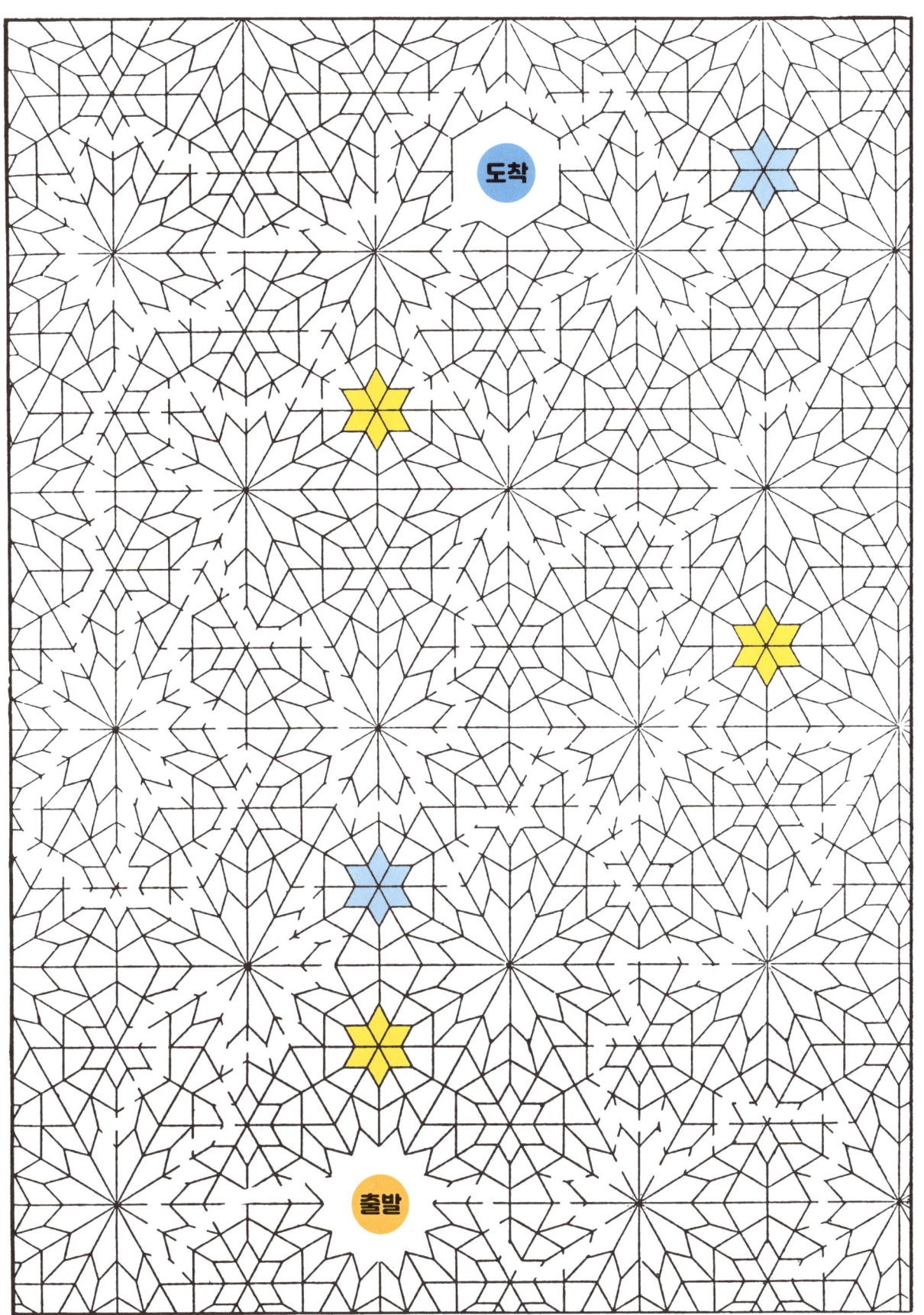

13 꽃무늬 문을 열면?

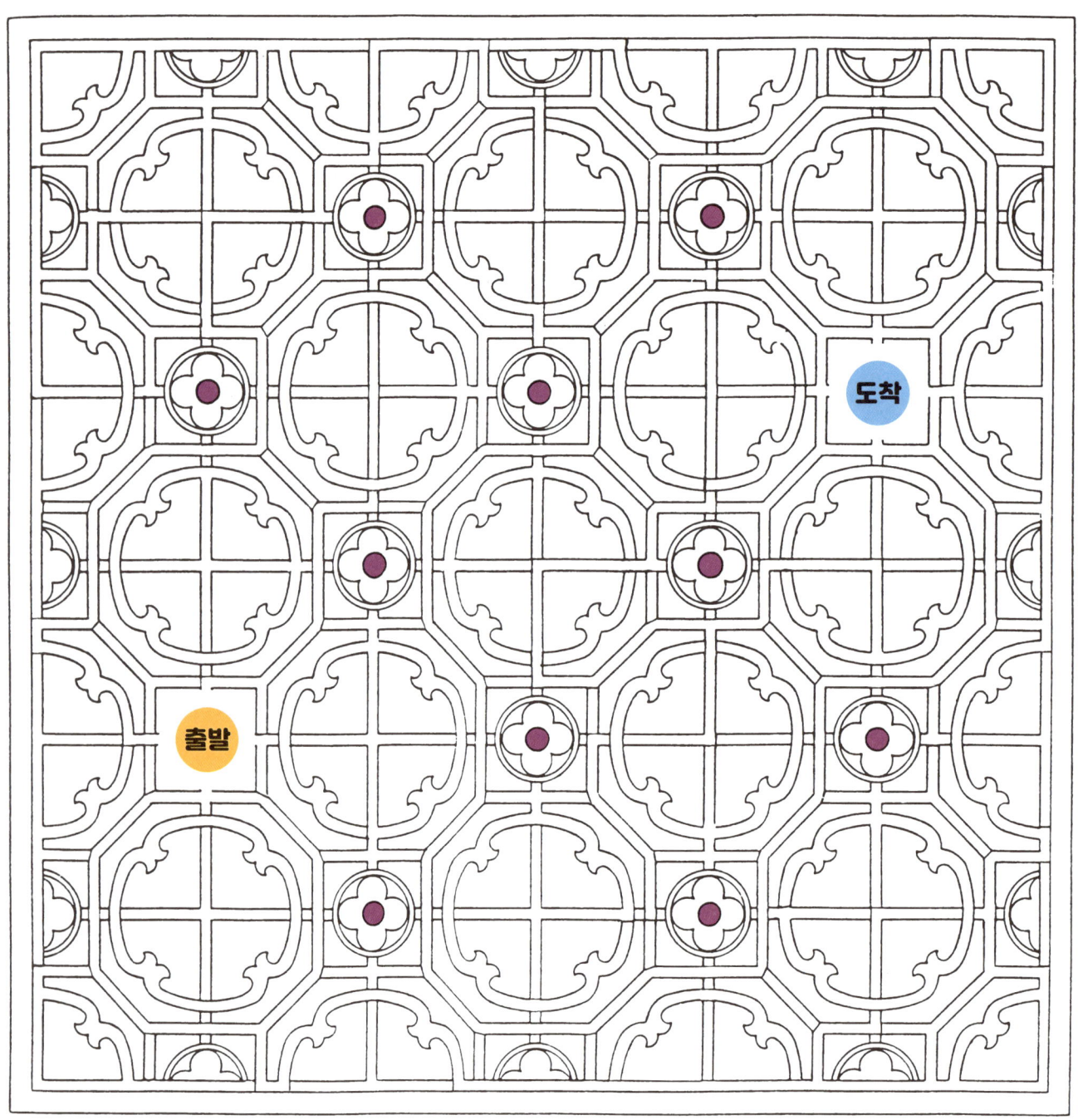

머리부터 발끝까지 14

15 찍찍! 쥐가 다니는 길이래요

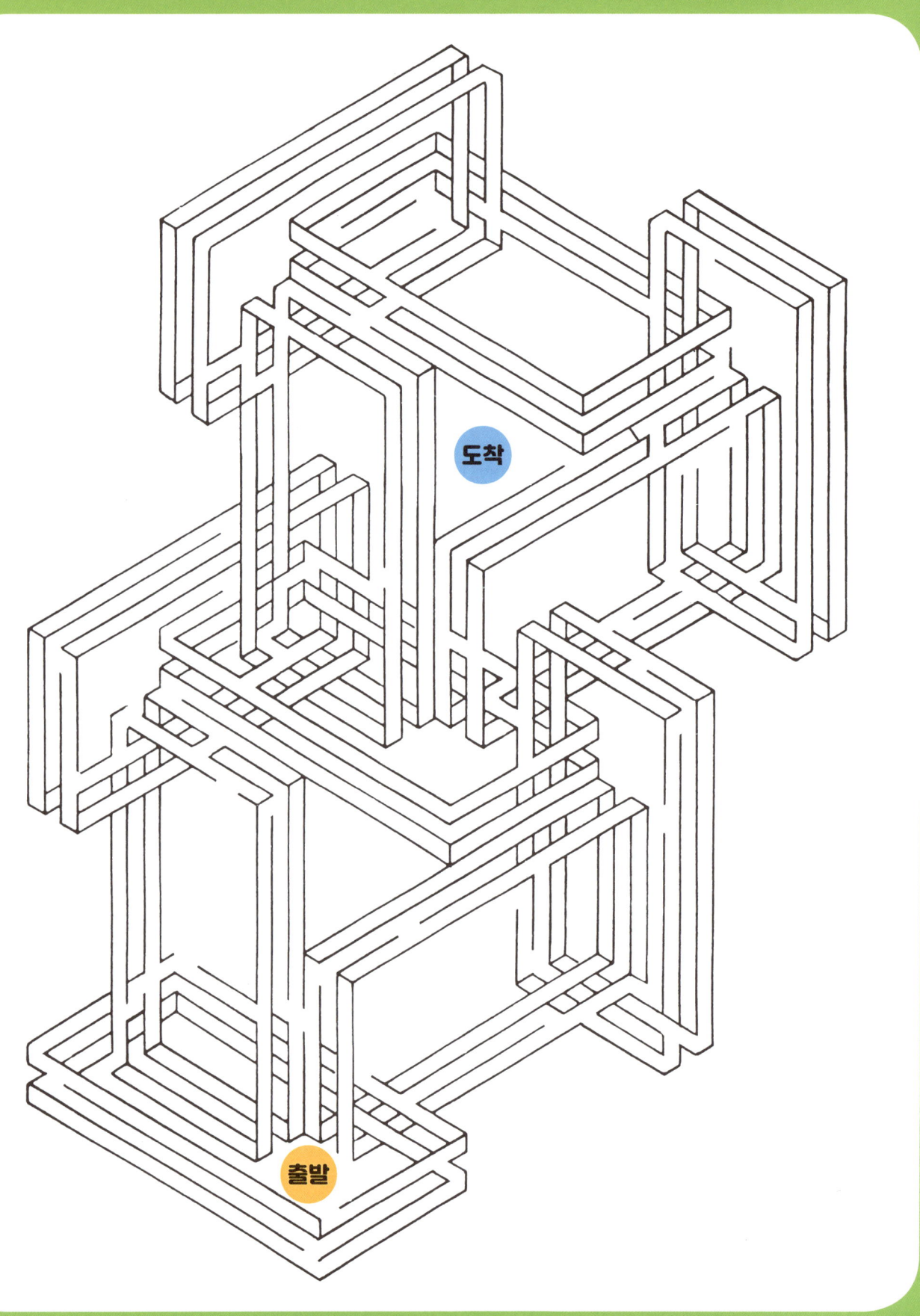

눈이 어질어질한 그물 미로 16

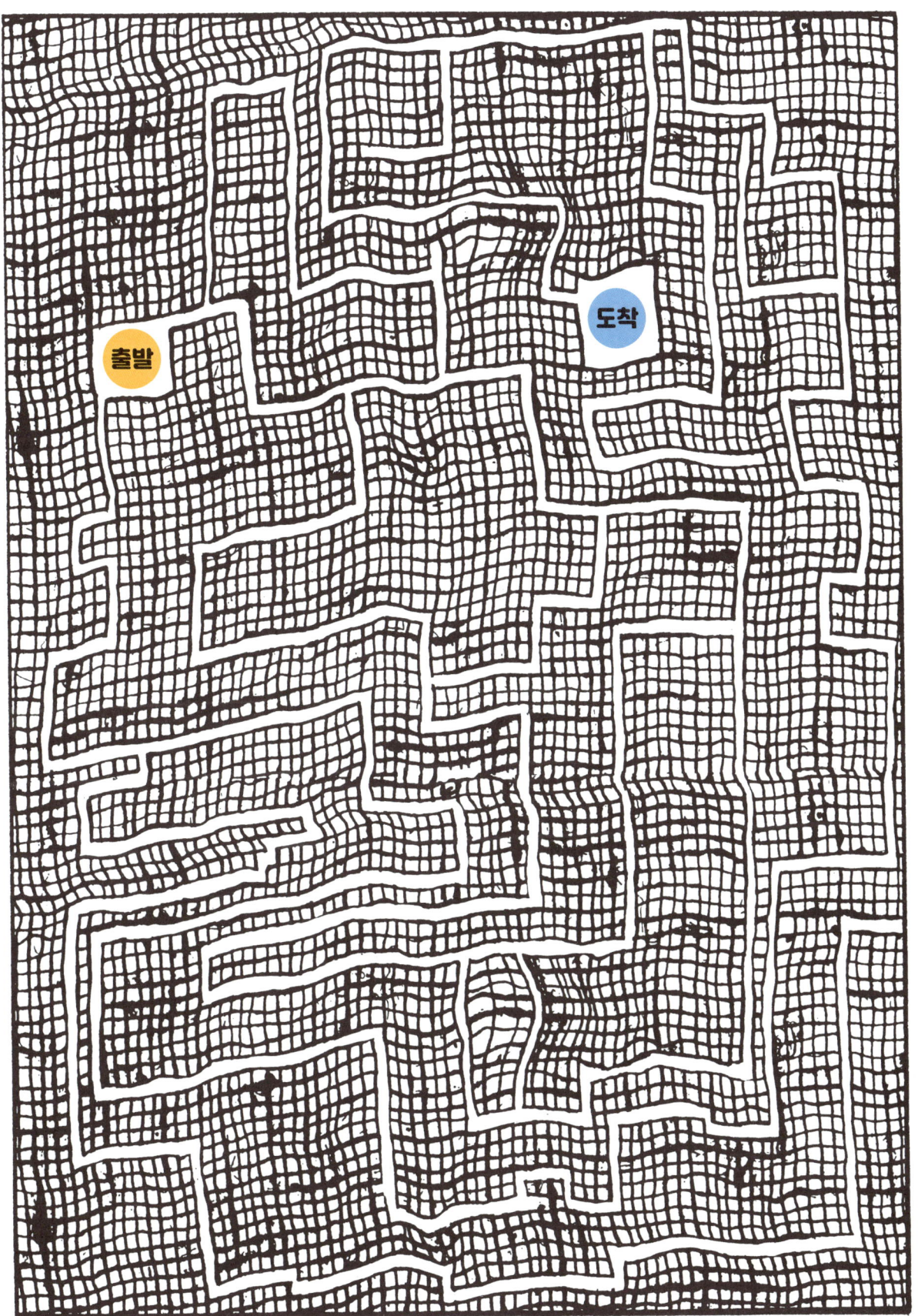

17 숲에서 길을 잃었어요

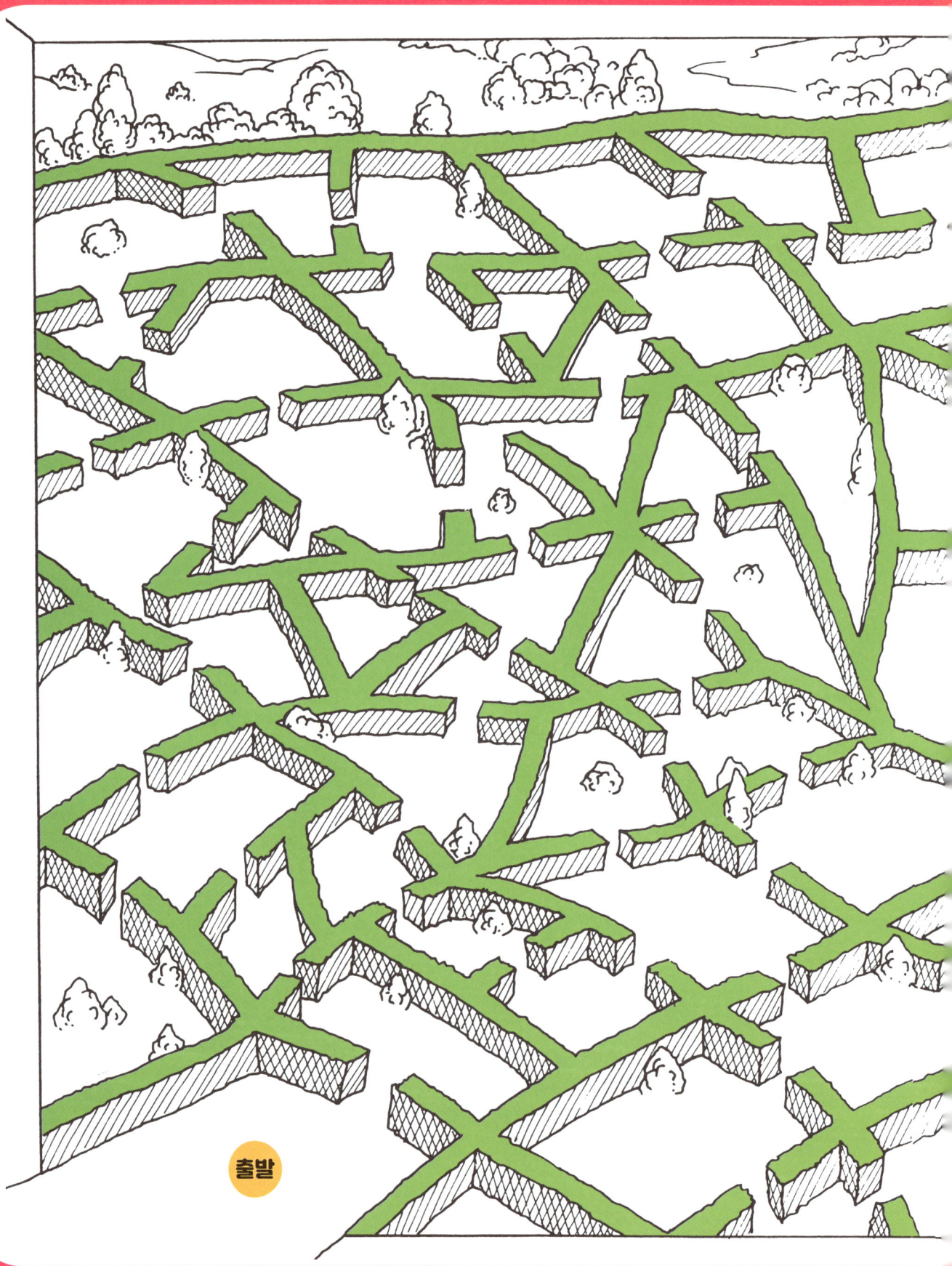

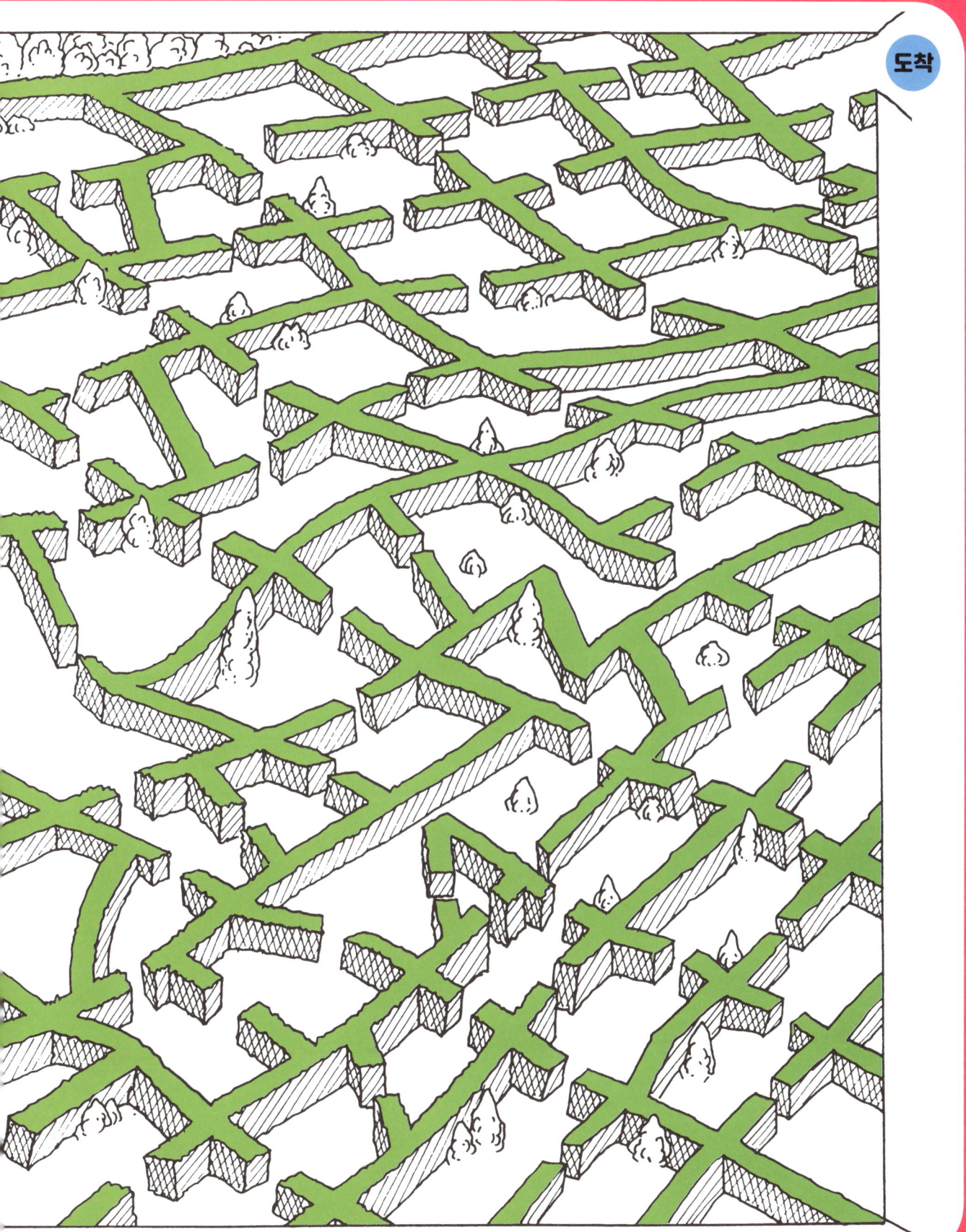

18 초록색 구멍으로 빠지면 안 돼!

알록달록 예쁜 꽃이 피었어요 ⑲

20 별들이 반짝반짝

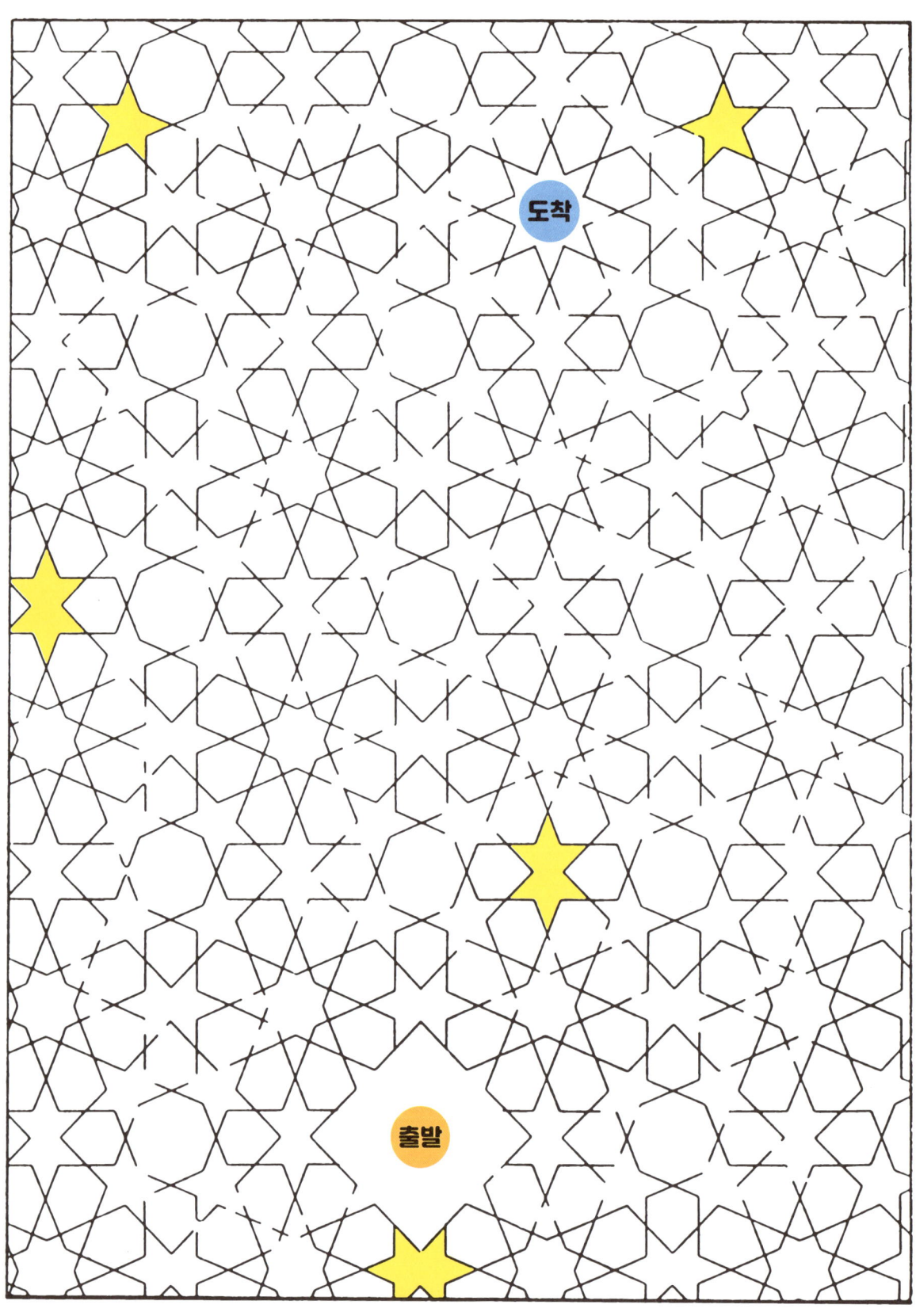

원이 데구루루 쏟아져요 21

22 미끄럼틀을 타고 내려갔다가 올라갔다가 해요

동서남북, 어디로 갈까 23

 엉금엉금 그물과 수풀을 지나자!

궁전 아래에는 무엇이 숨겨져 있을까?

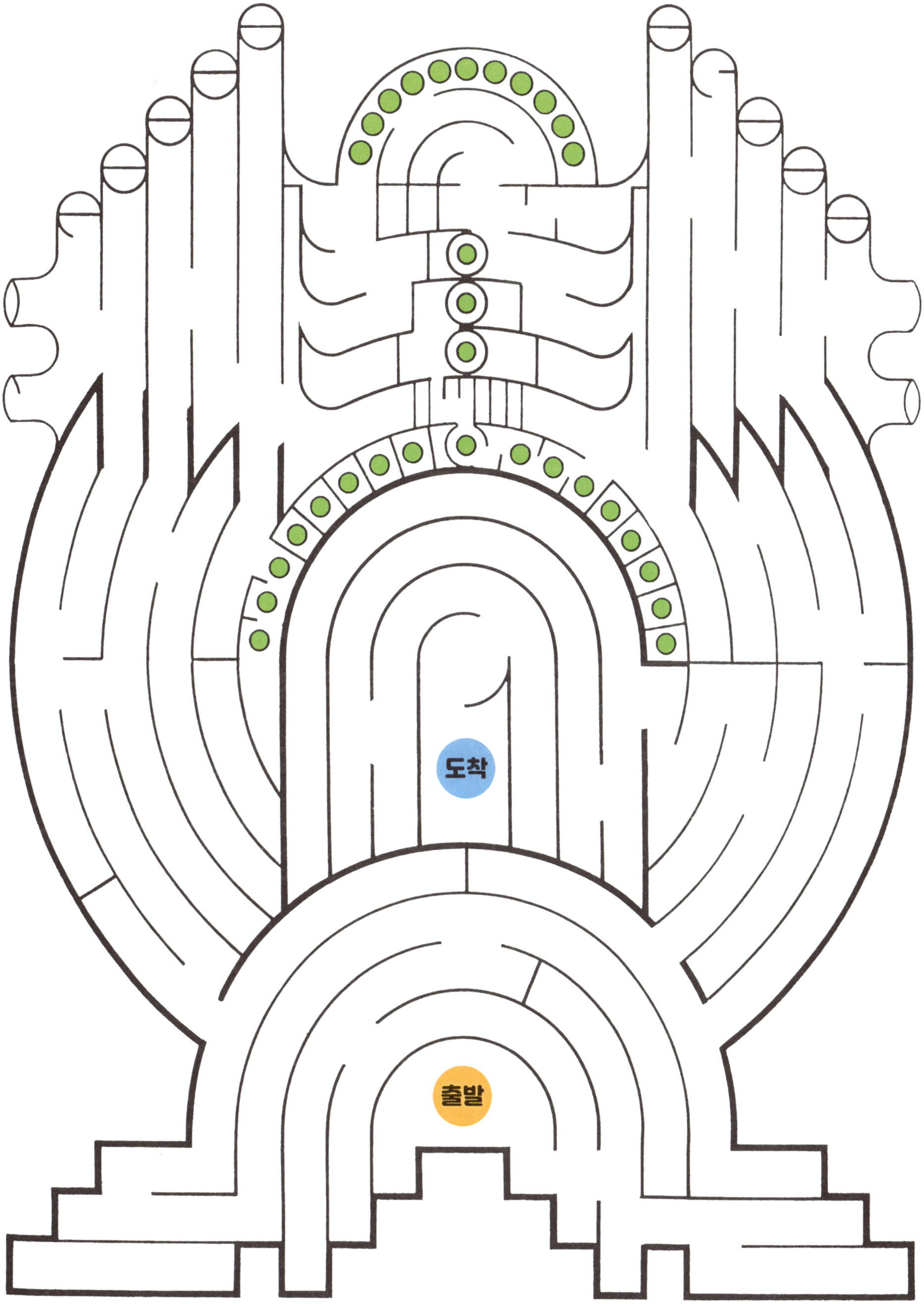

26 찰칵찰칵 눈이 부신 플래시 속에서 길을 찾아야 해!

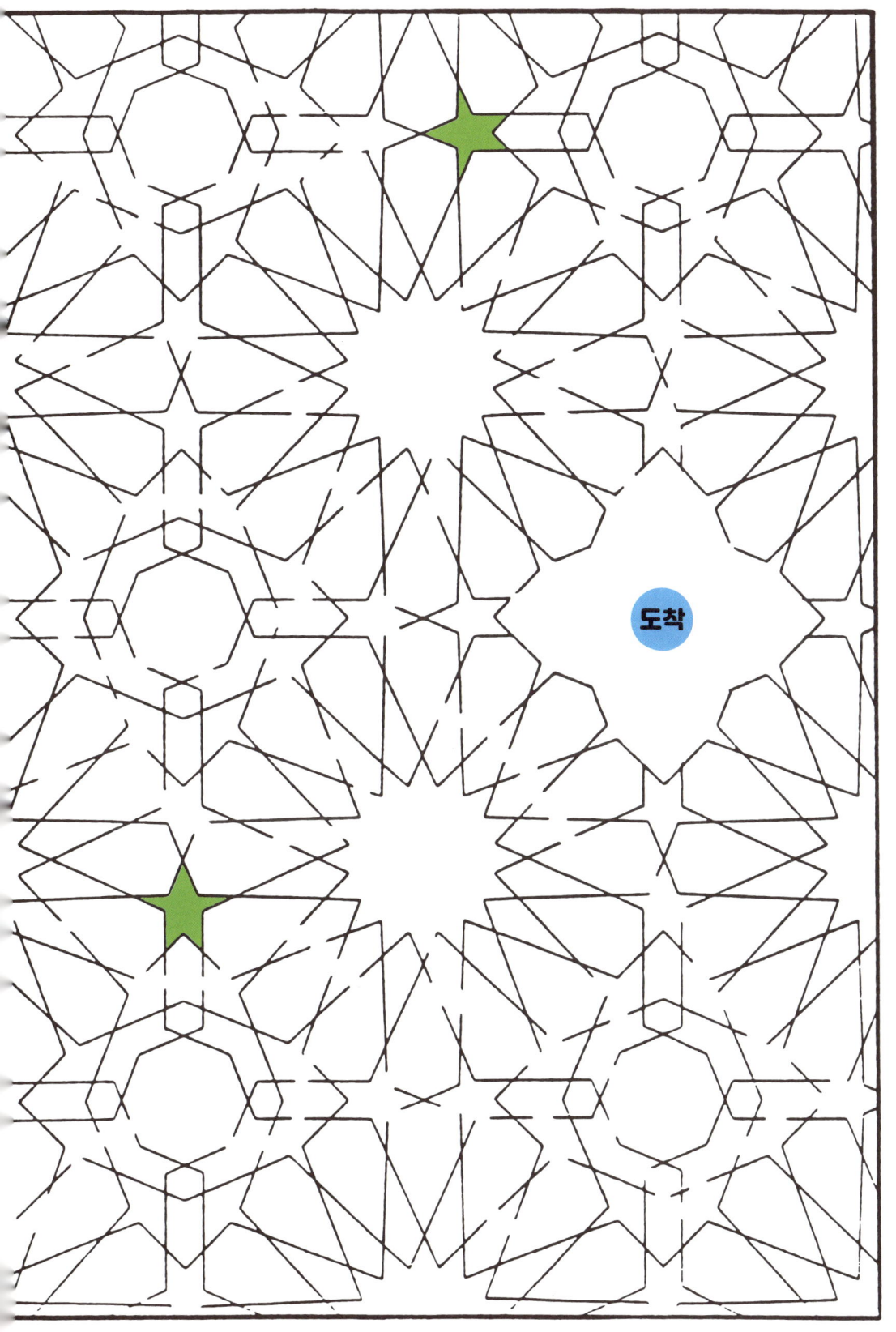

27 여기도 문이고, 저기도 문이야

말 타는 기사들 사이로 빠져나가자 ㉘

# 29 꽃을 새긴 천장

조심해! 휙 날아오를 수도 있어 30

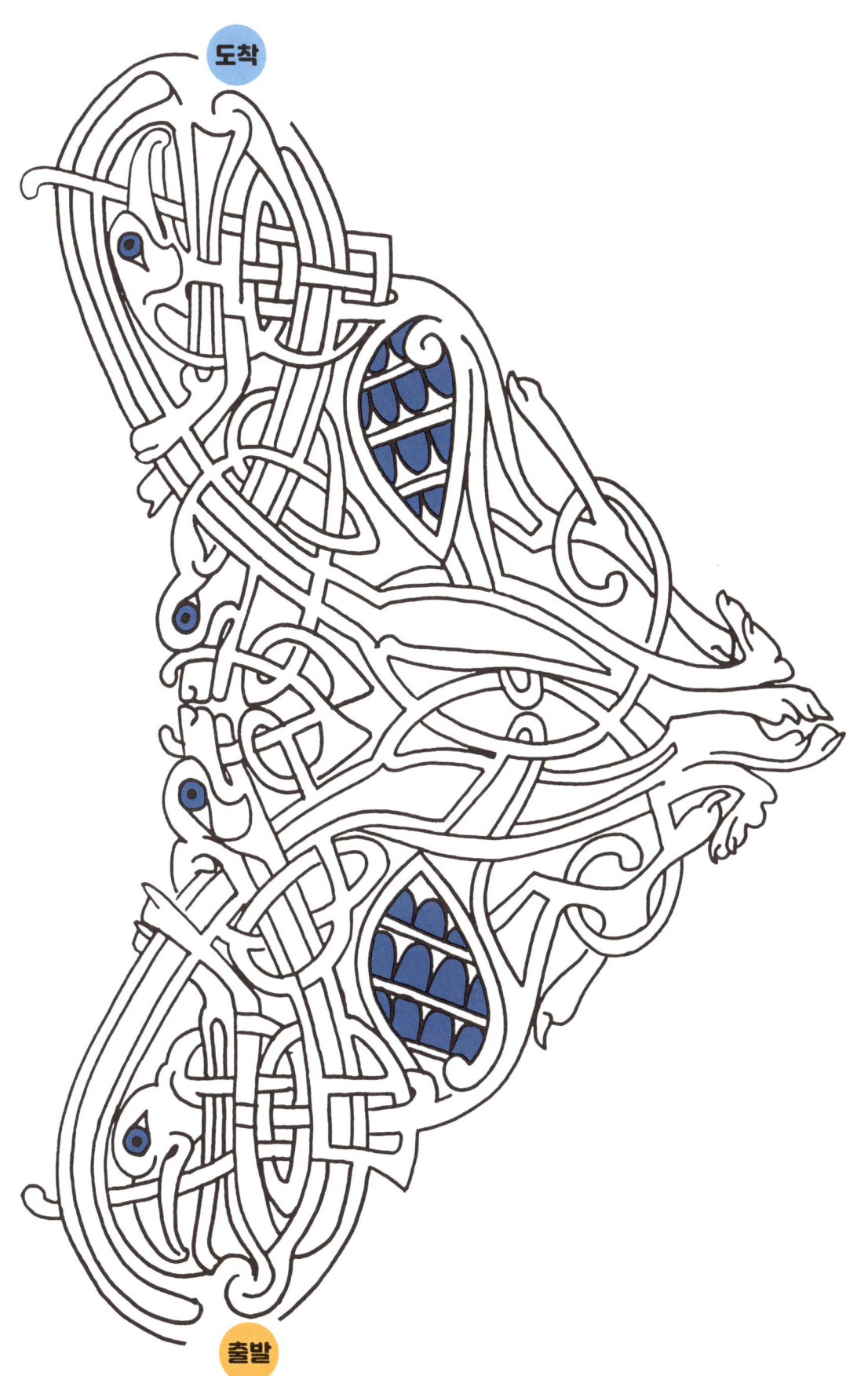

31 안녕? 난 밥 아저씨의 팔레트야

32 미로를 완성해야 이 큐브를 움직일 수 있어

만화경을 들여다보면? 33

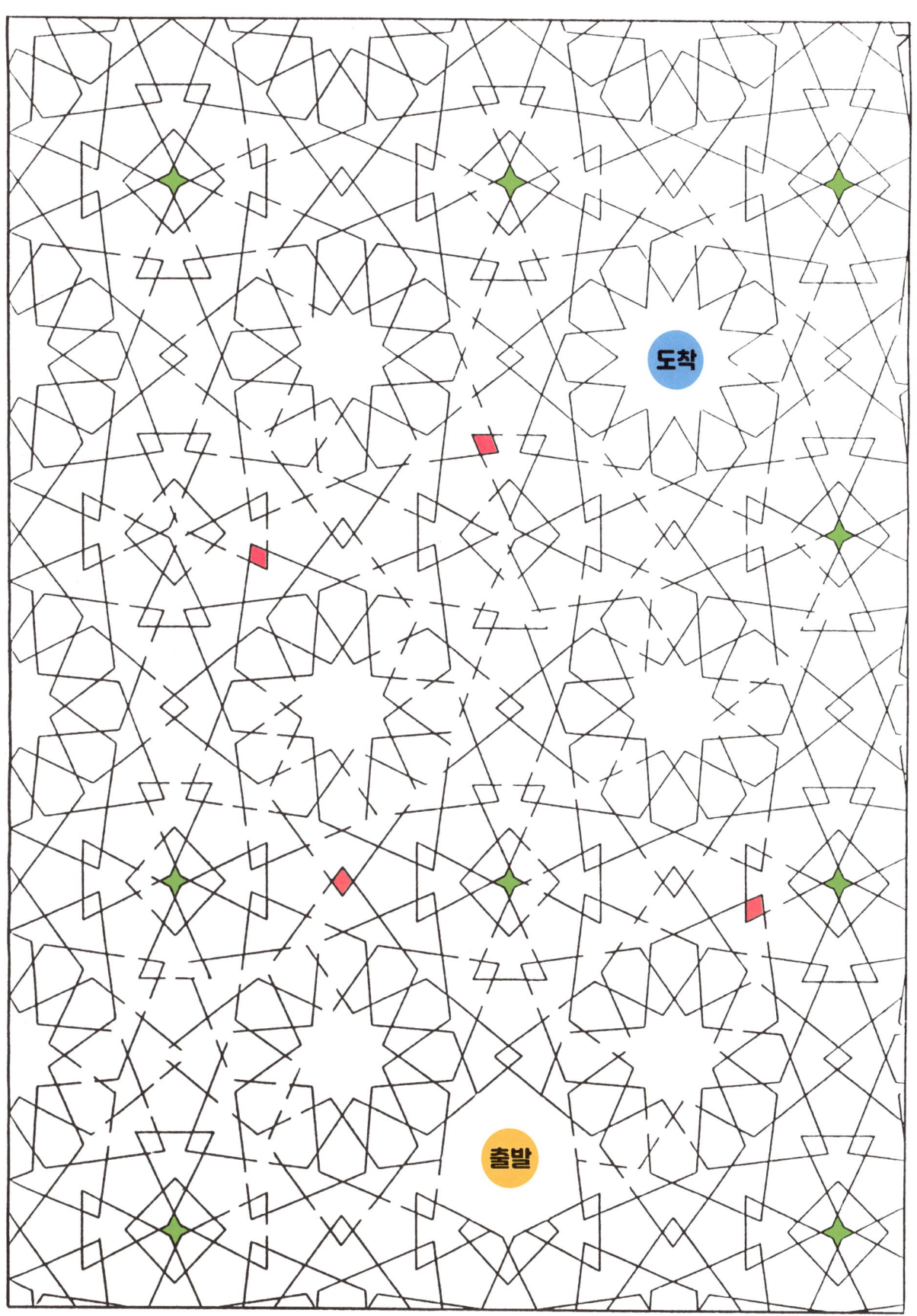

34 반짝이는 다이아몬드는 어디에 숨어 있을까?

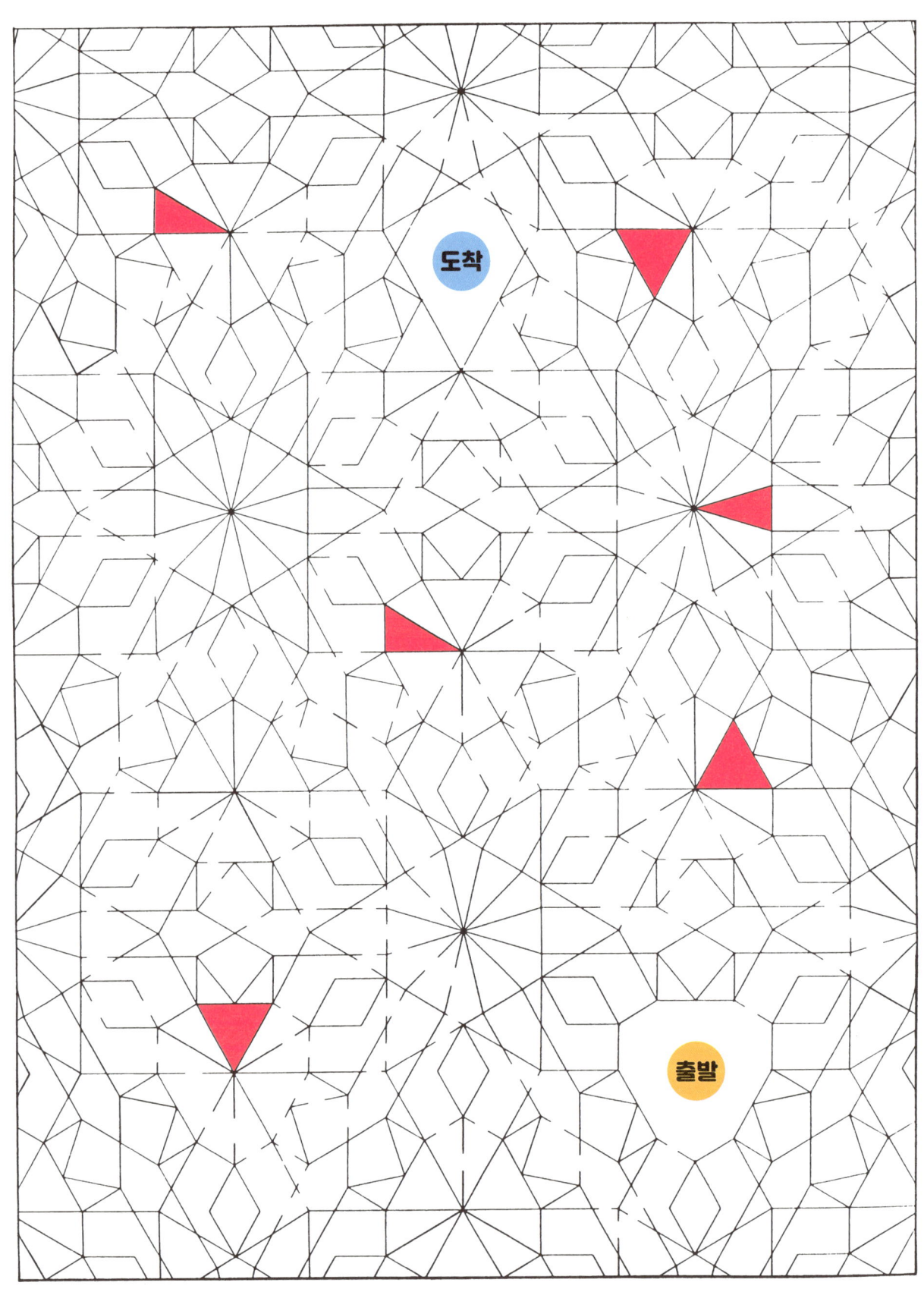

진짜 출발점은 어디일까? 35

36 꽁꽁 묶인 새를 풀어 주자!

거인 아르고스의 눈일까? 공작의 꼬리 깃털일까?

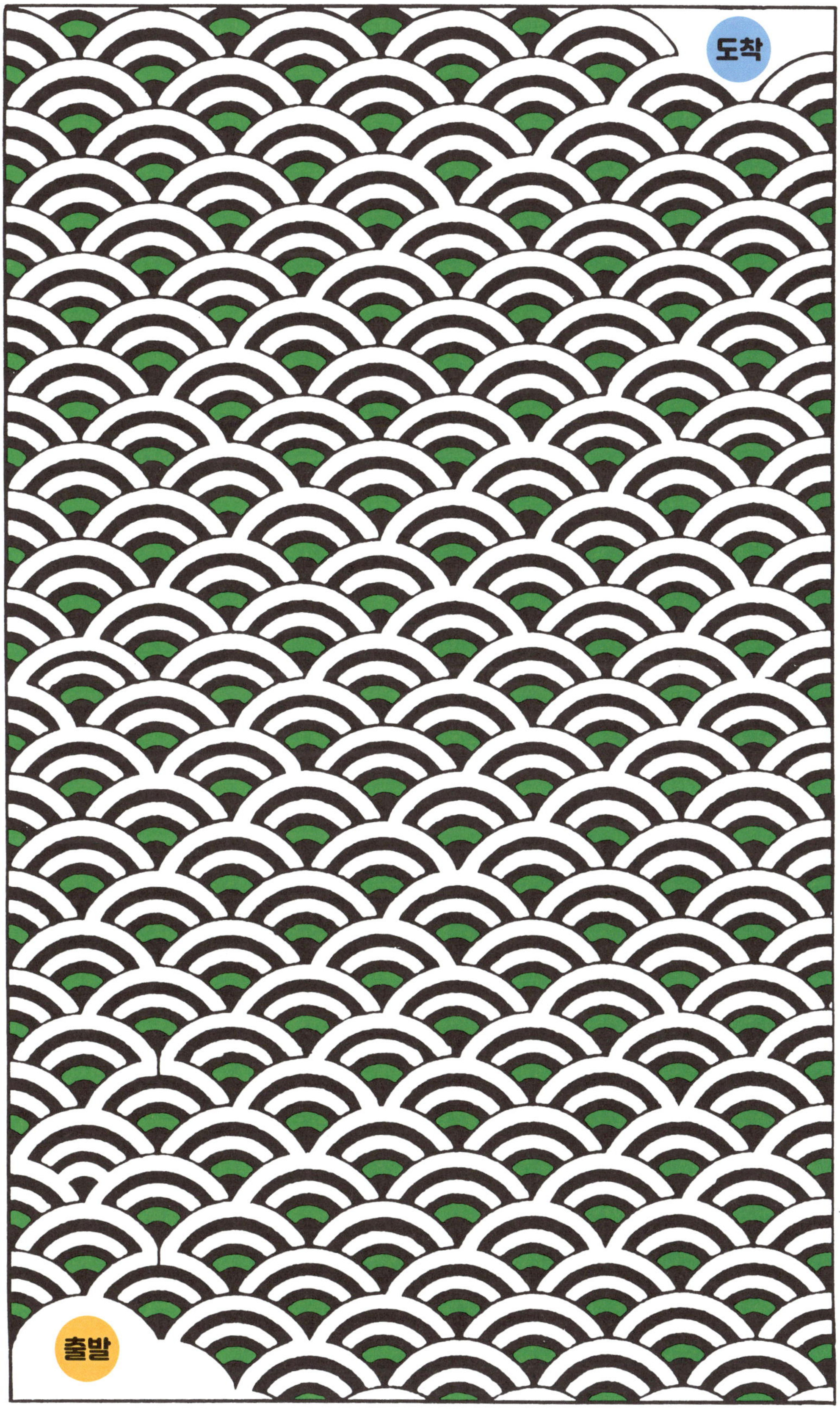

38 꽃이 활짝! 봄이 왔어요

연못에 숨겨진 길이 있대요 ㉟

40 풍뎅이일까? 자동차 핸들일까?

너는 무엇이 보이니? 41

42 왕궁의 미로 속으로

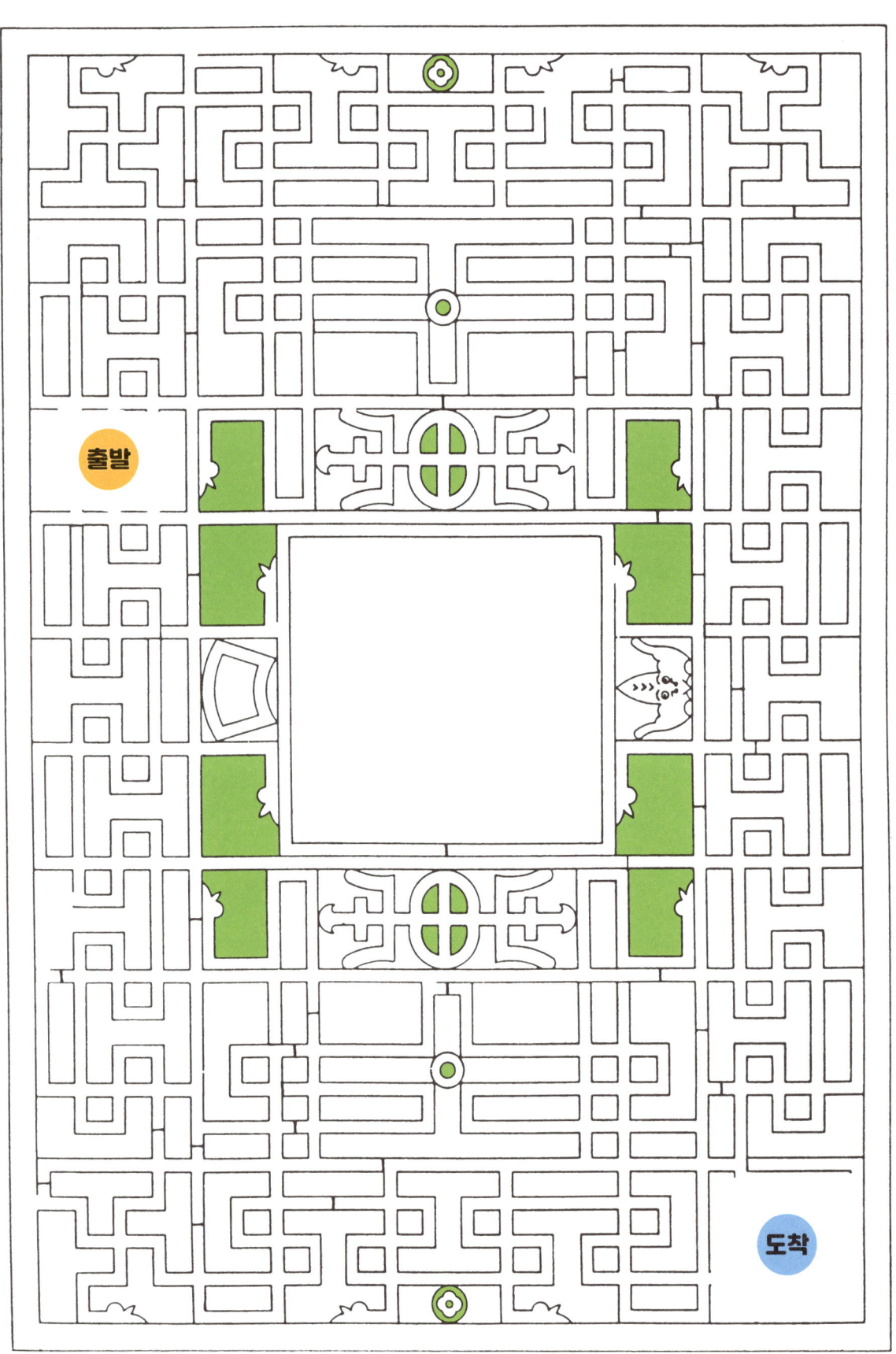

빨리 도착하면 안 잡아먹지~ 43

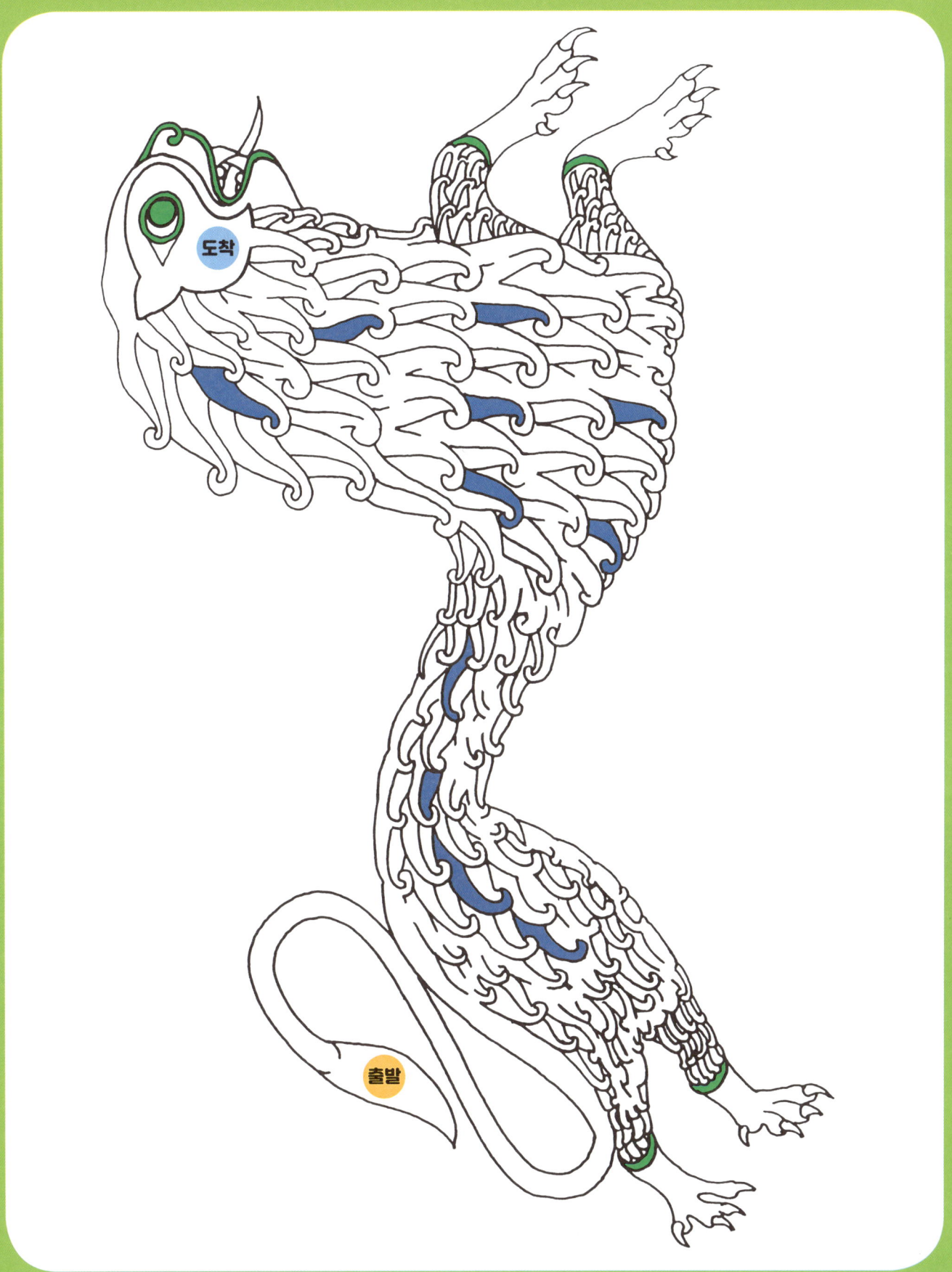

44 따가운 가시를 피해 탈출하자

울고 웃는 가면 45

46 엄청난 미로가 나타났다!

47 거미줄에 걸리지 않고 도착할 수 있을까?

1번, 2번? 아니면 3번? 48

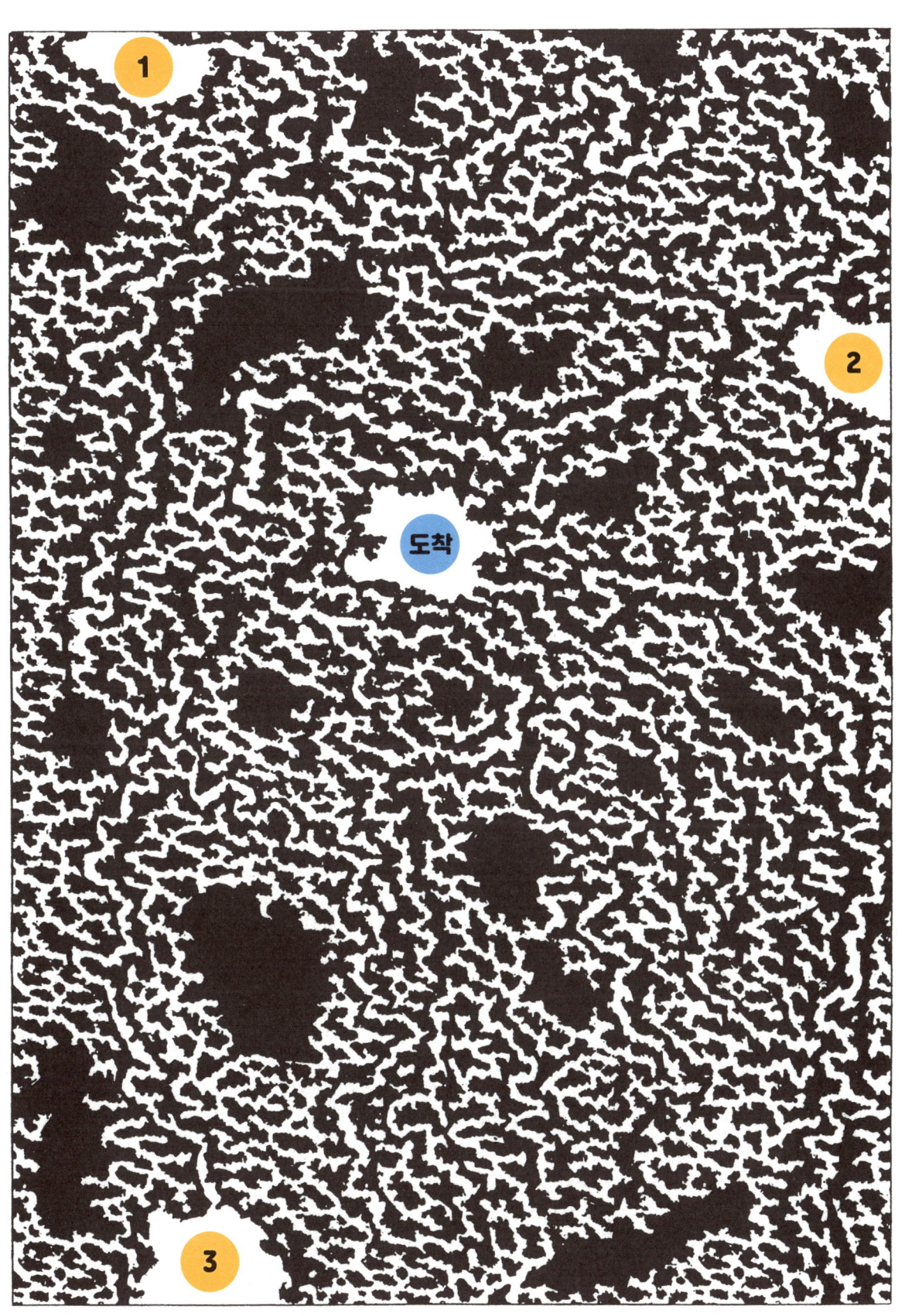

49 마야 파칼왕 무덤에서 발견한 그림이야

50 거미, 풍뎅이, 새, 조개, 소라, 또 무엇이 있을까?

위험한 가시덤불 51

52 눈을 뜨고 자는 괴물이야! 잠에서 깨지 않게 조용히 지나가자

길을 찾고 나서 별을 모두 색칠해 봐! 53

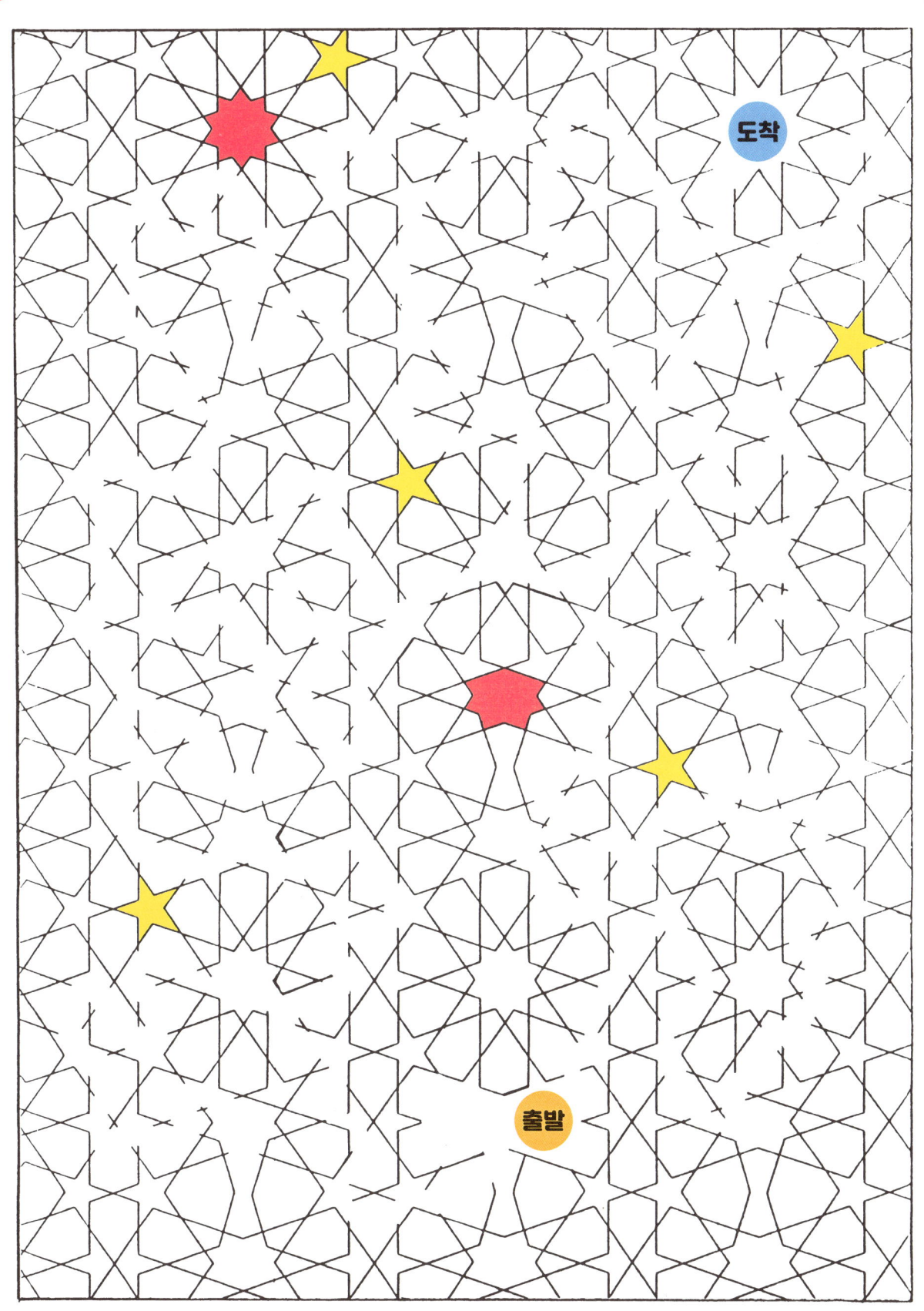

54 물고기는 맛있어! 냠냠

빙글빙글 돌아가자 55

56 표창을 피해서 탈출해야 해

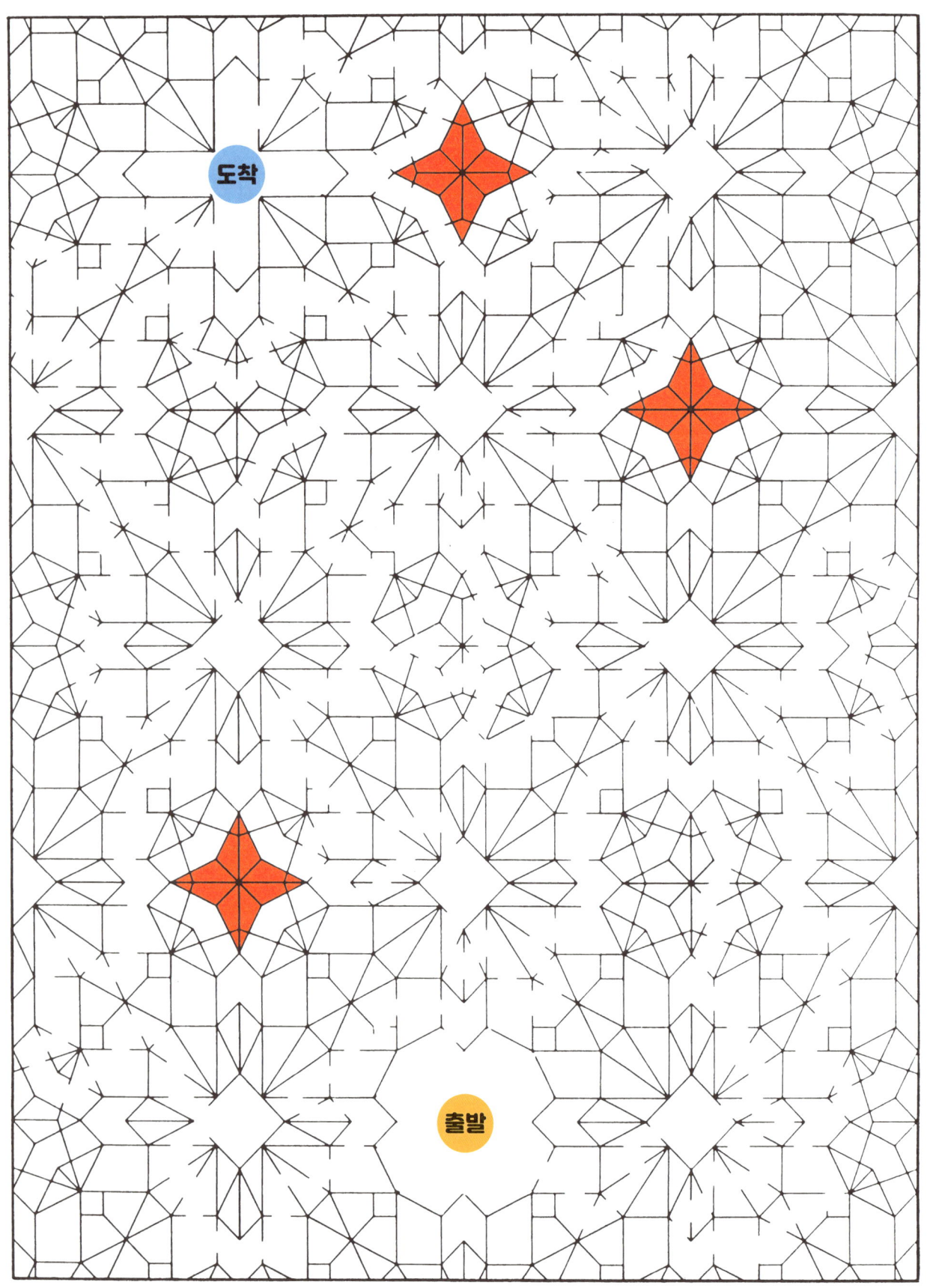

쉿! 나비가 알을 낳고 있어 57

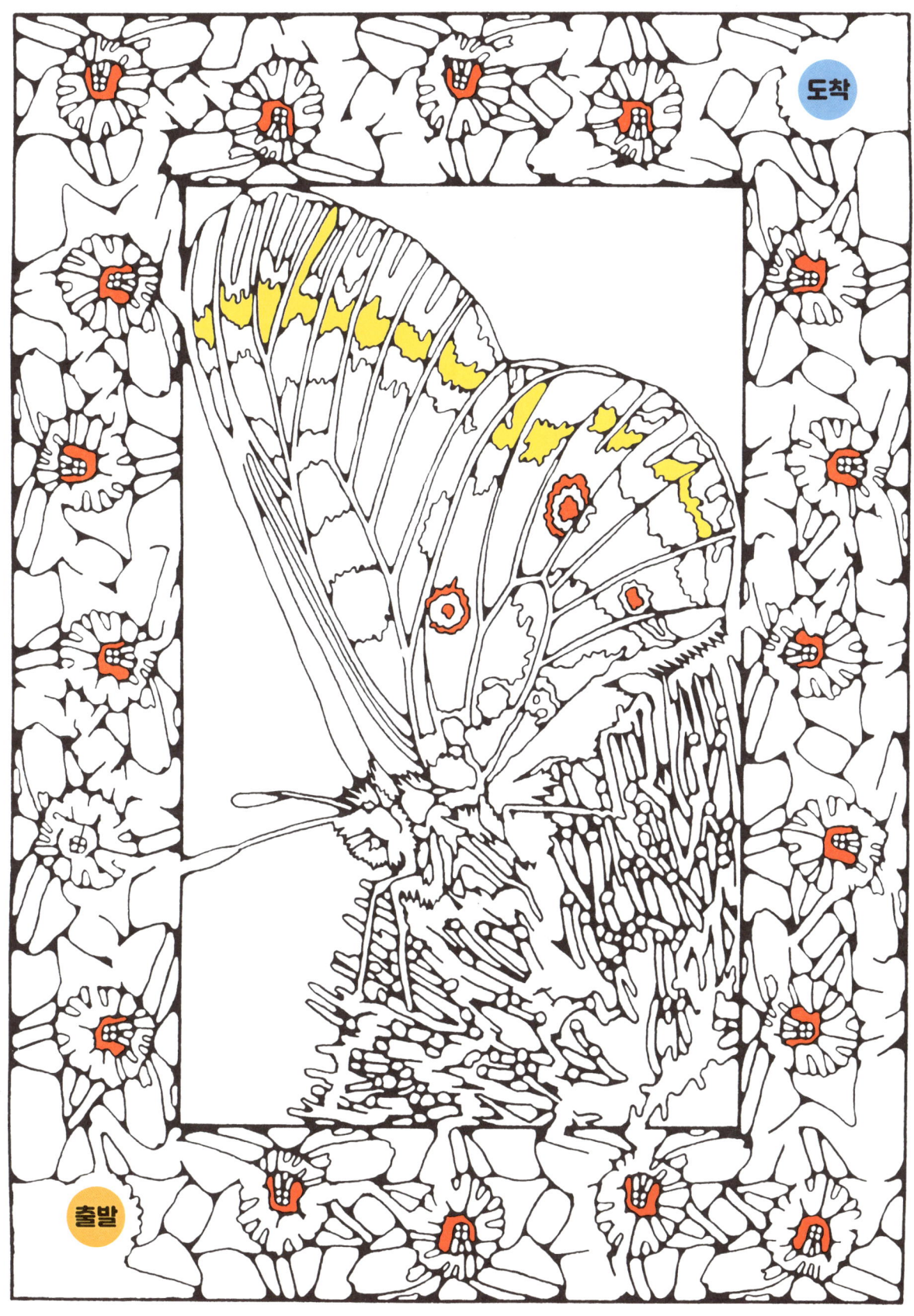

58 삐빅삐빅 여기는 국제 우주 정거장

59 제일 예쁜 장미를 골라 봐

문을 지키는 부엉이 몰래 미로를 탈출해야 해 60

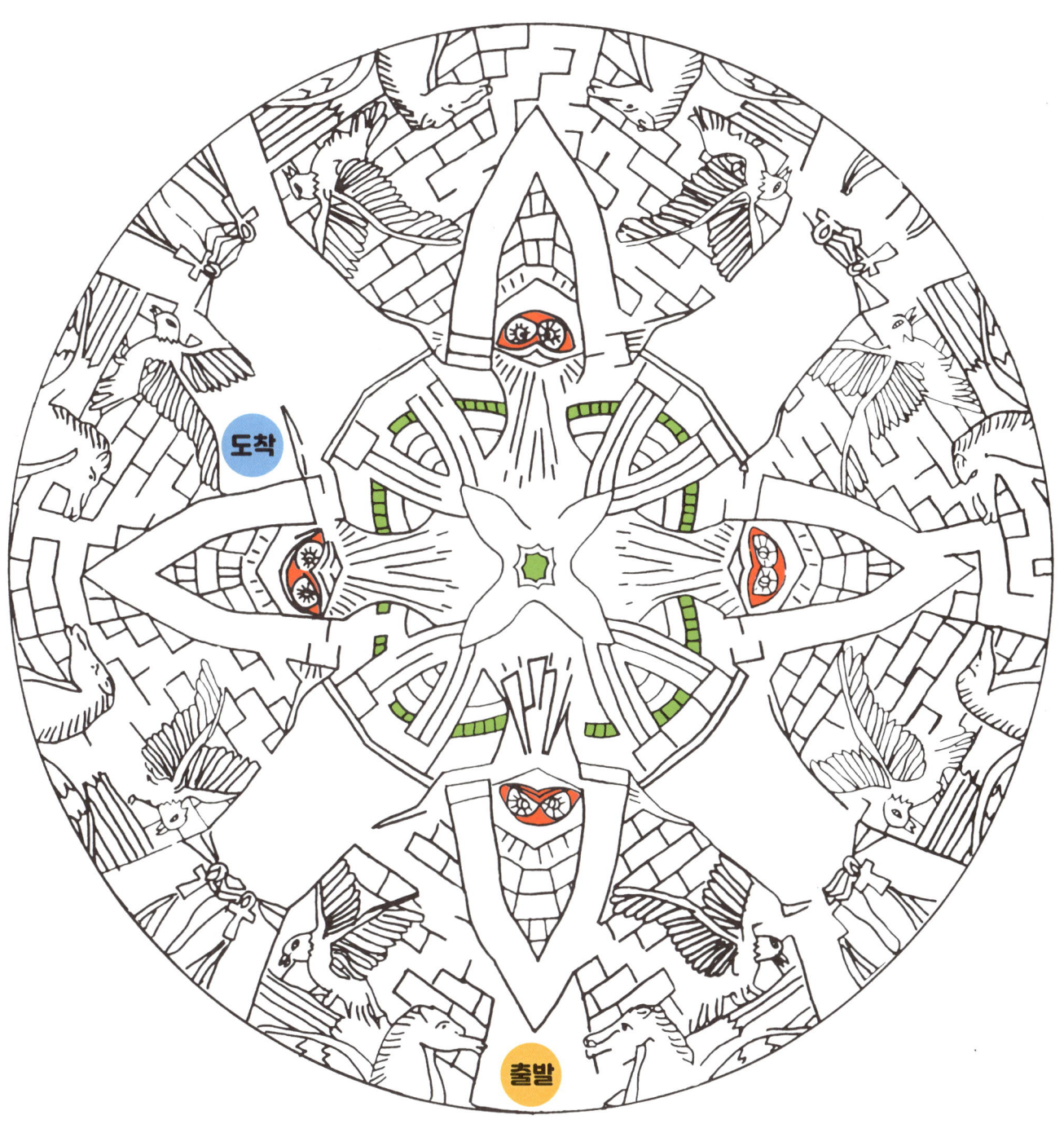

61 켈트족의 매듭

꽃이 몇 개일까?

63 삐죽빼죽 미로

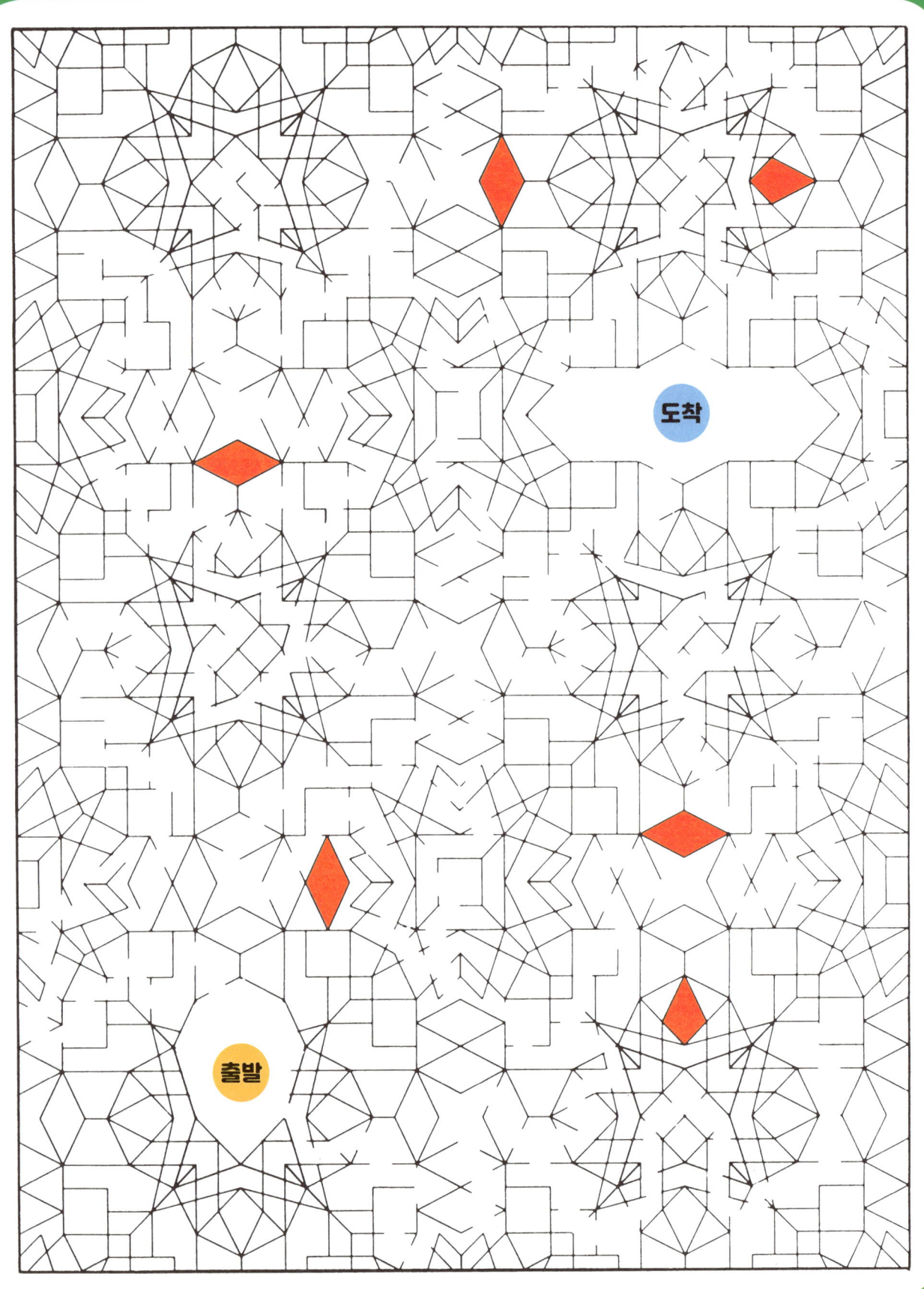

나팔꽃이 하늘하늘 64

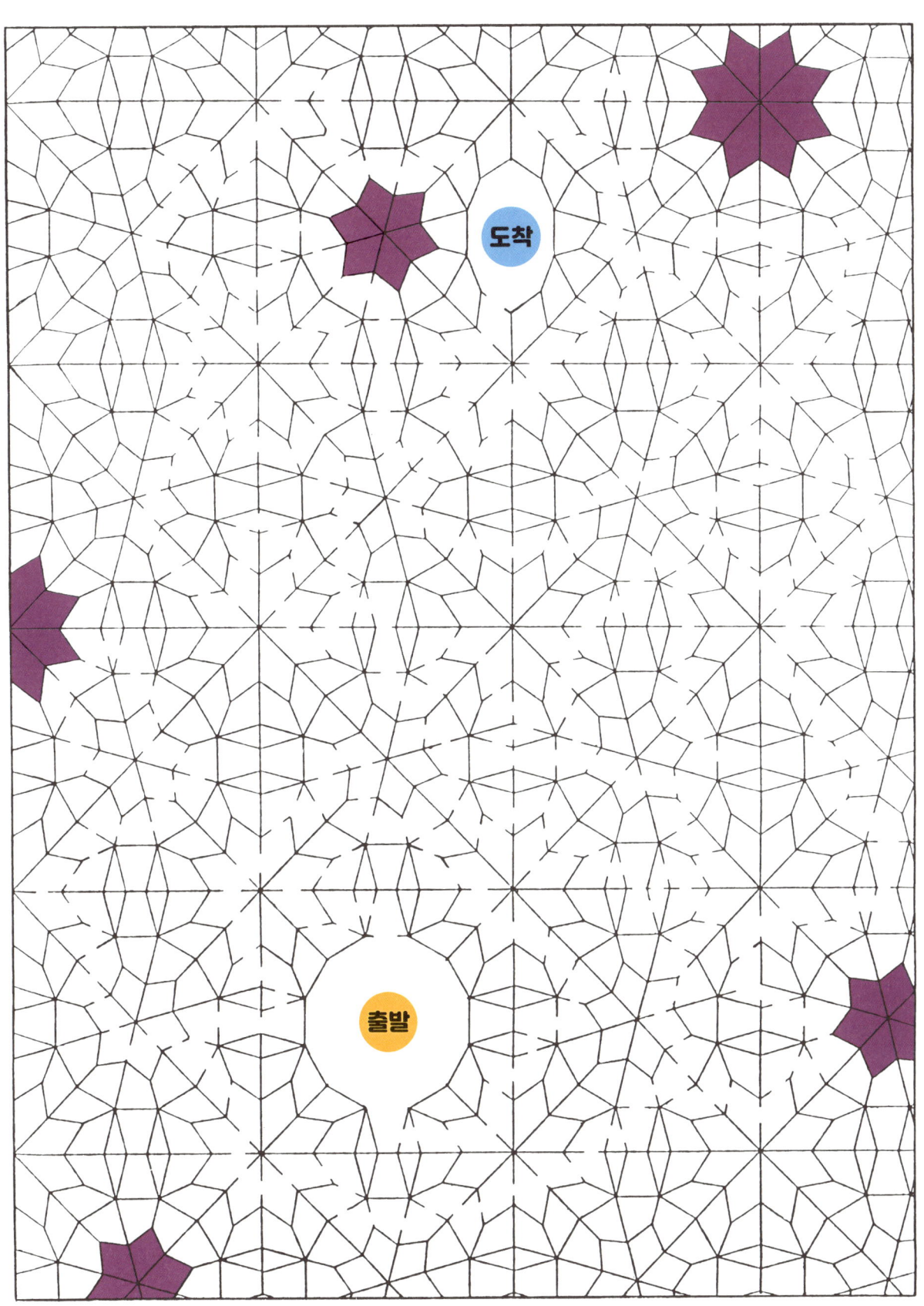

65 제일 먼저 도착하는 사람이 1등!

이 창문을 열면 무엇이 보일까?

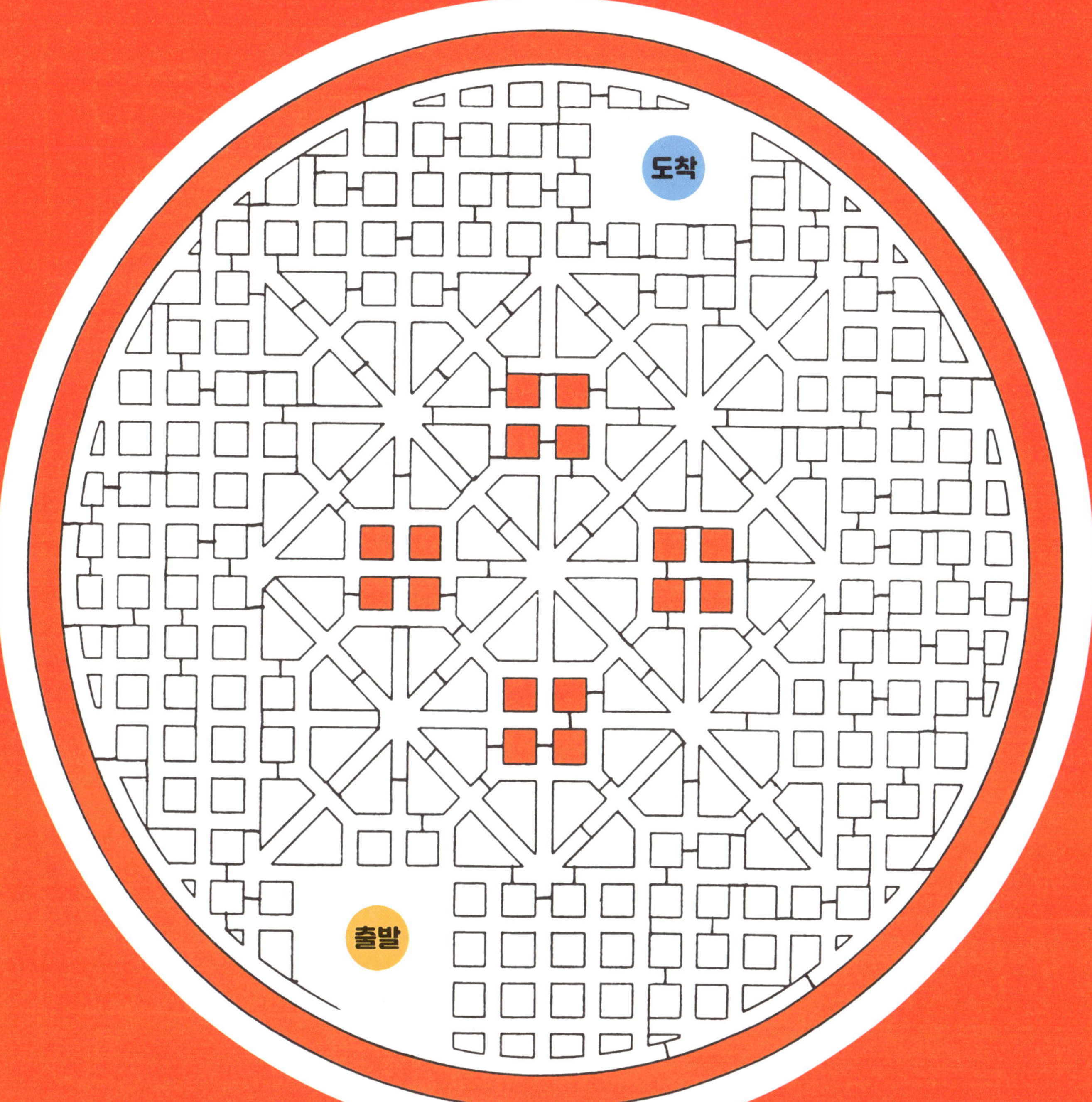

67 크아! 빨리 탈출하지 않으면 내 불맛을 보게 될 거야

넝쿨에 꽃이 피었어요 68

 **공벌레가 몸을 다시 펴기 전에 탈출하자!**

잘 보면 사람 얼굴이 보여요 70

71 엄청 긴 리본이야! 잘 따라가 봐

72 눈을 크게 뜨고 길을 찾아보자

폭죽이 팡팡! 73

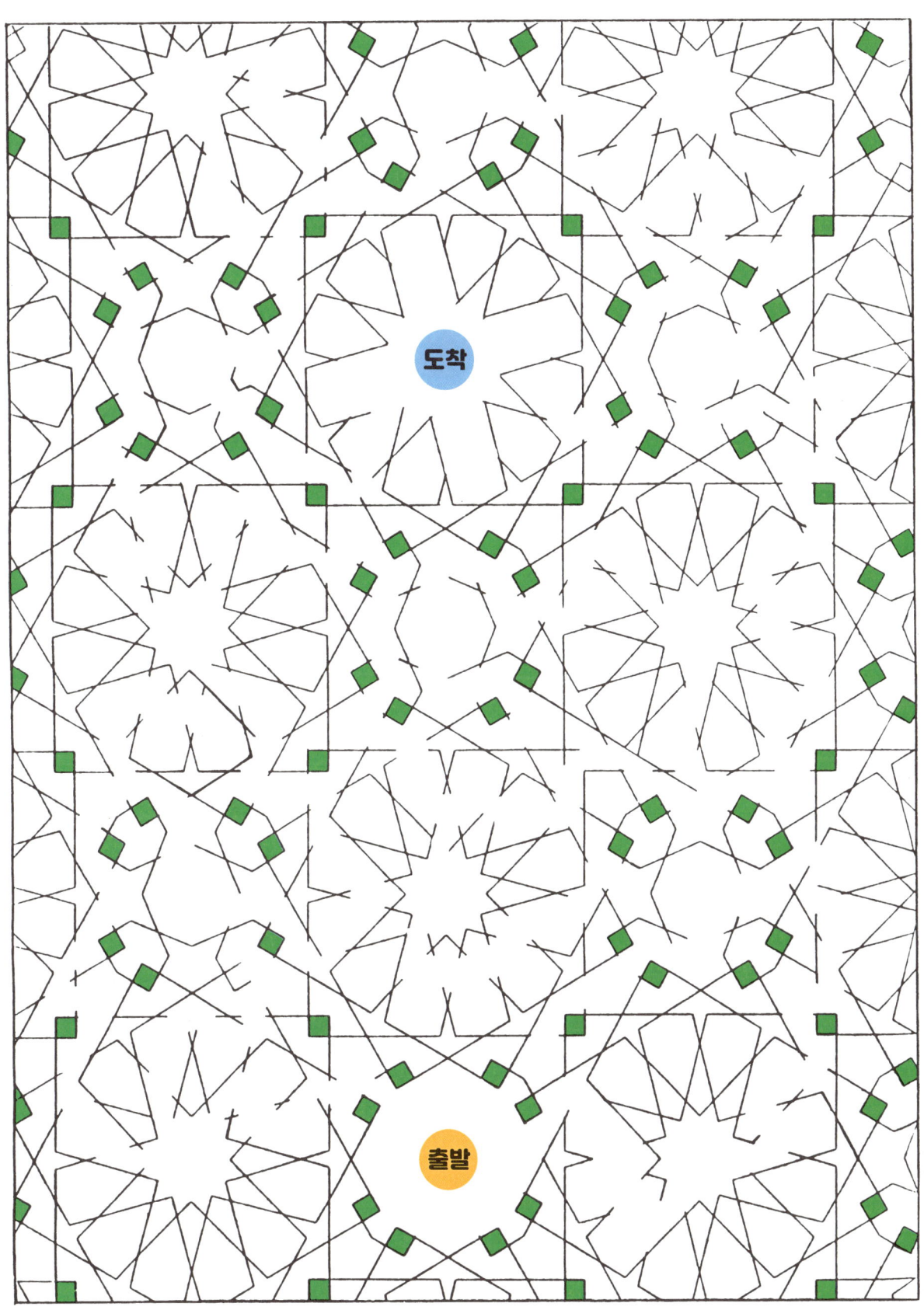

74 뾰족한 꽃, 둥근 꽃이 피었어요

어느 방으로 들어갈까? 75

76 내가 바로 곤충왕!

여왕이 깨기 전에 얼른 탈출하자 77

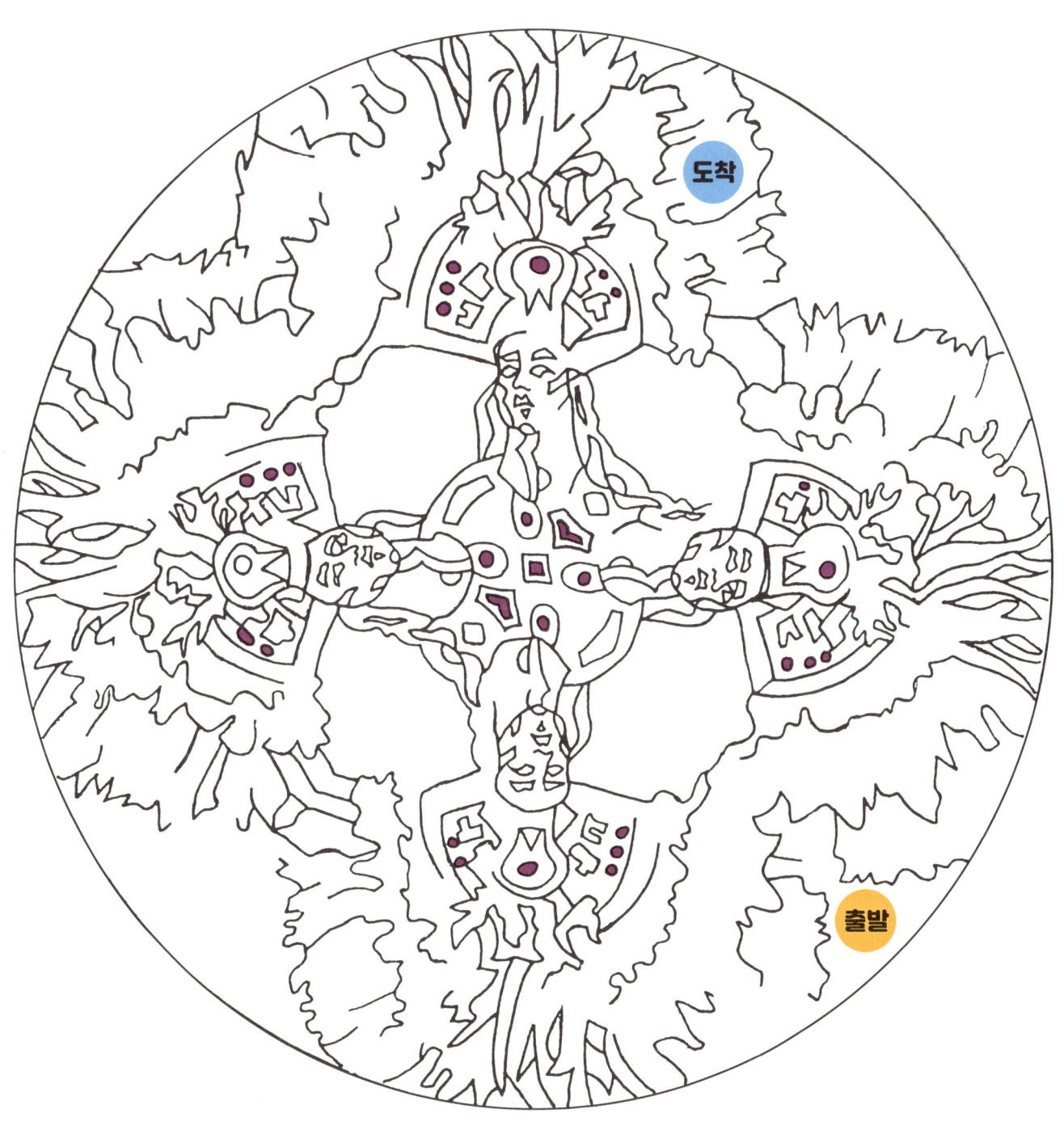

78 어지럽게 놓인 상자

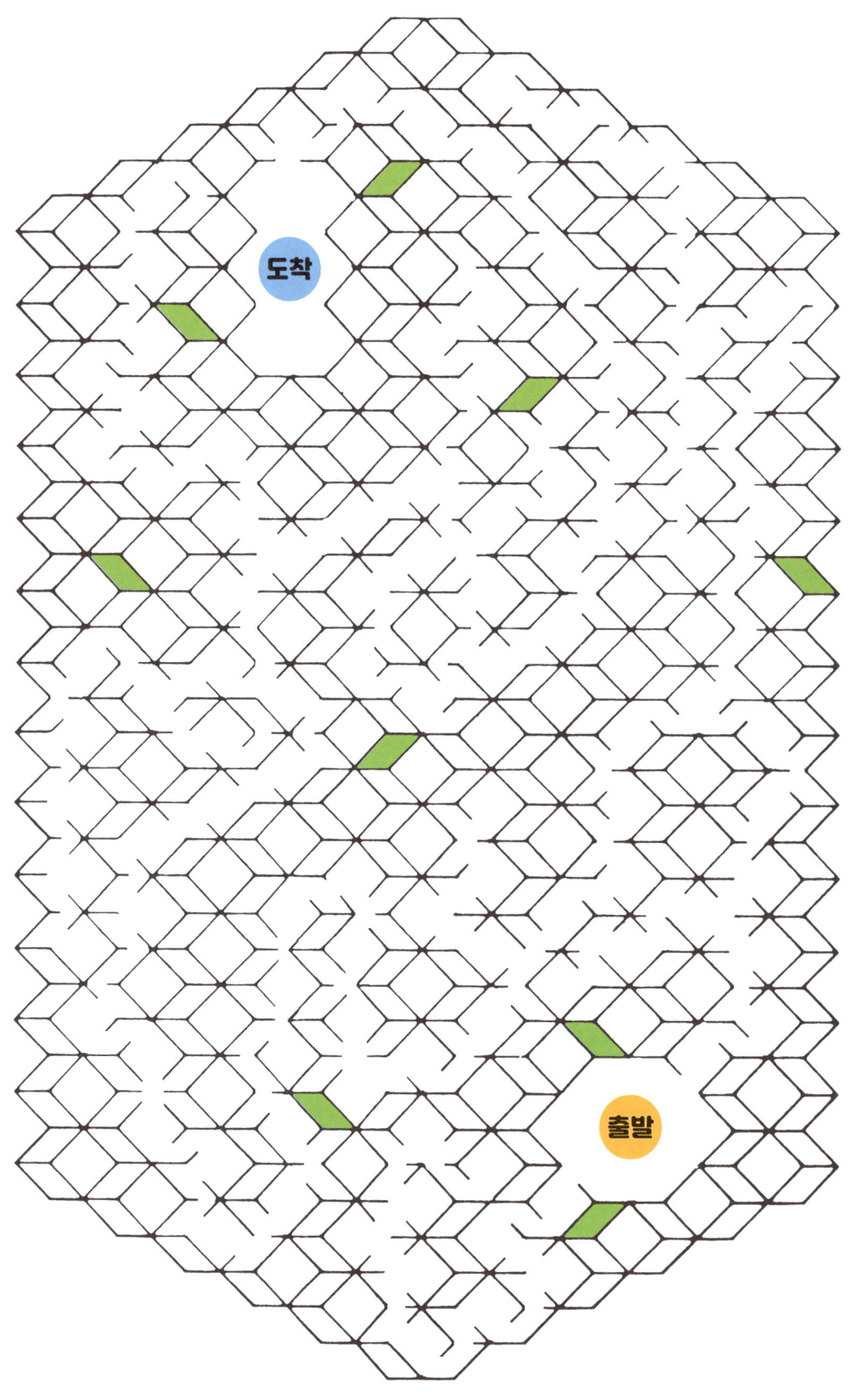

꽃무늬 손수건 79

80 보기보다 어려울걸?

으악! 눈과 혀를 조심해 81

82 꼬리에 꼬리를 물고, 꼬리에 꼬리를 물고

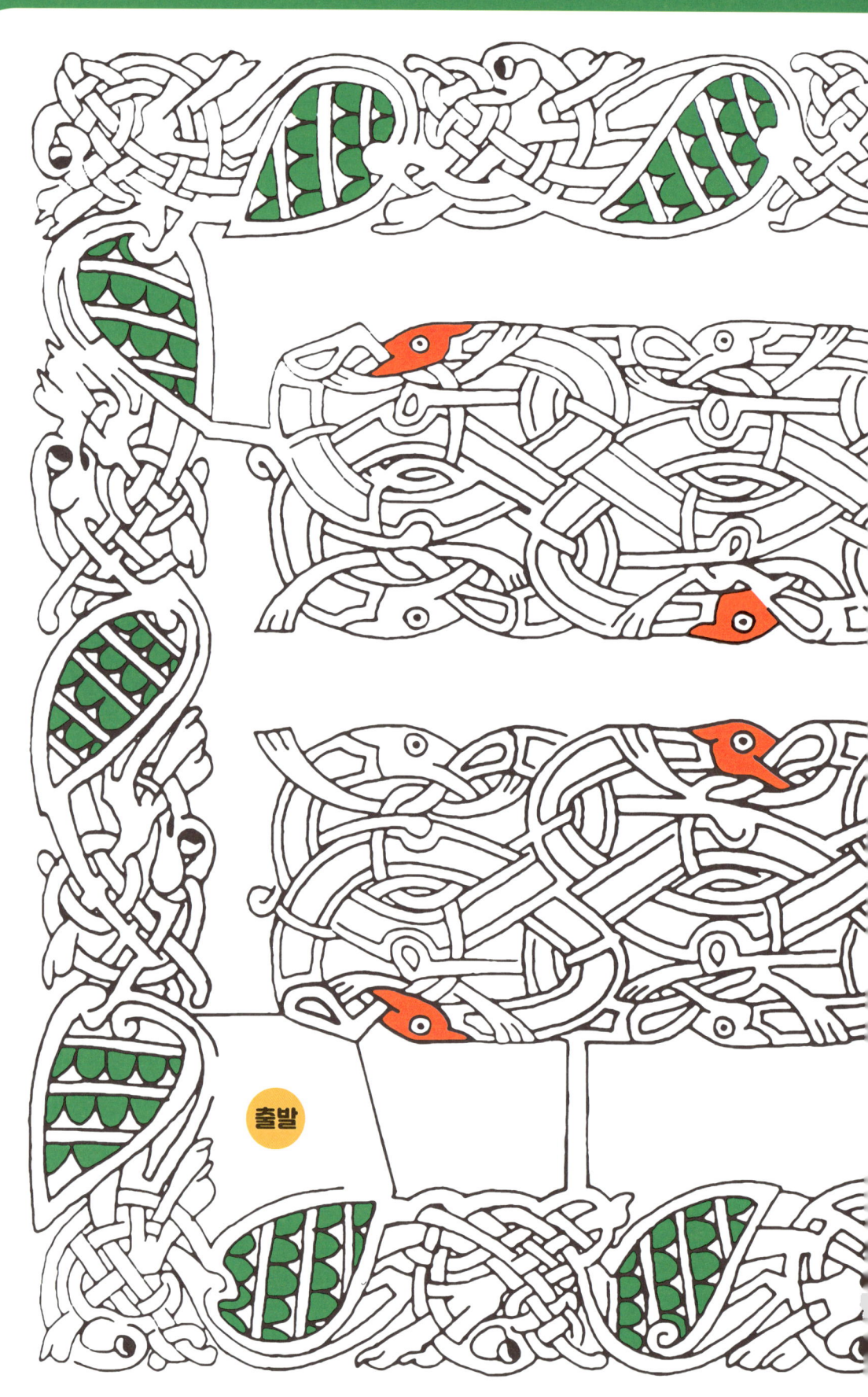

83 화살표 방향에 속지 마

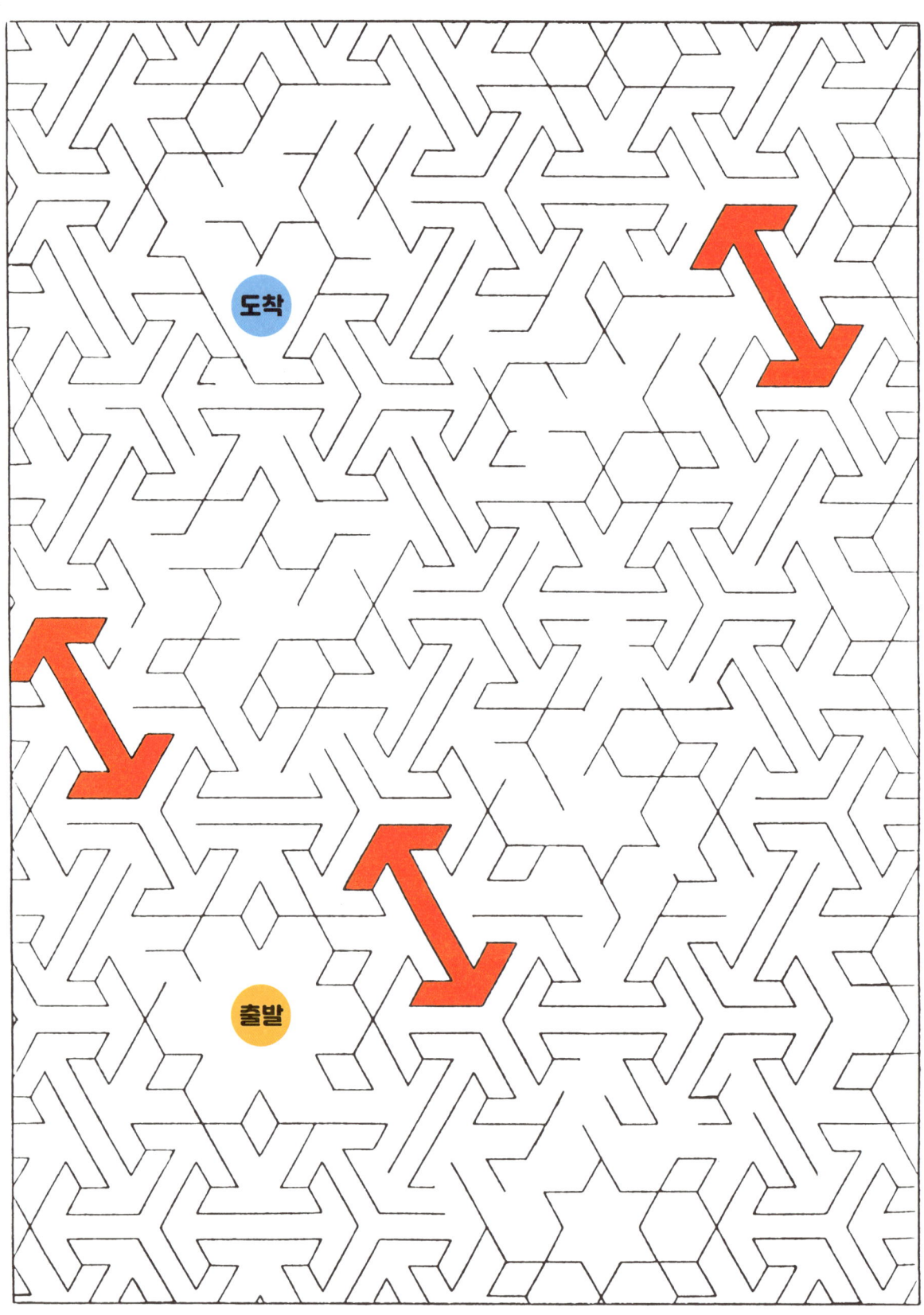

천천히 길을 따라가다 보면 도착! 84

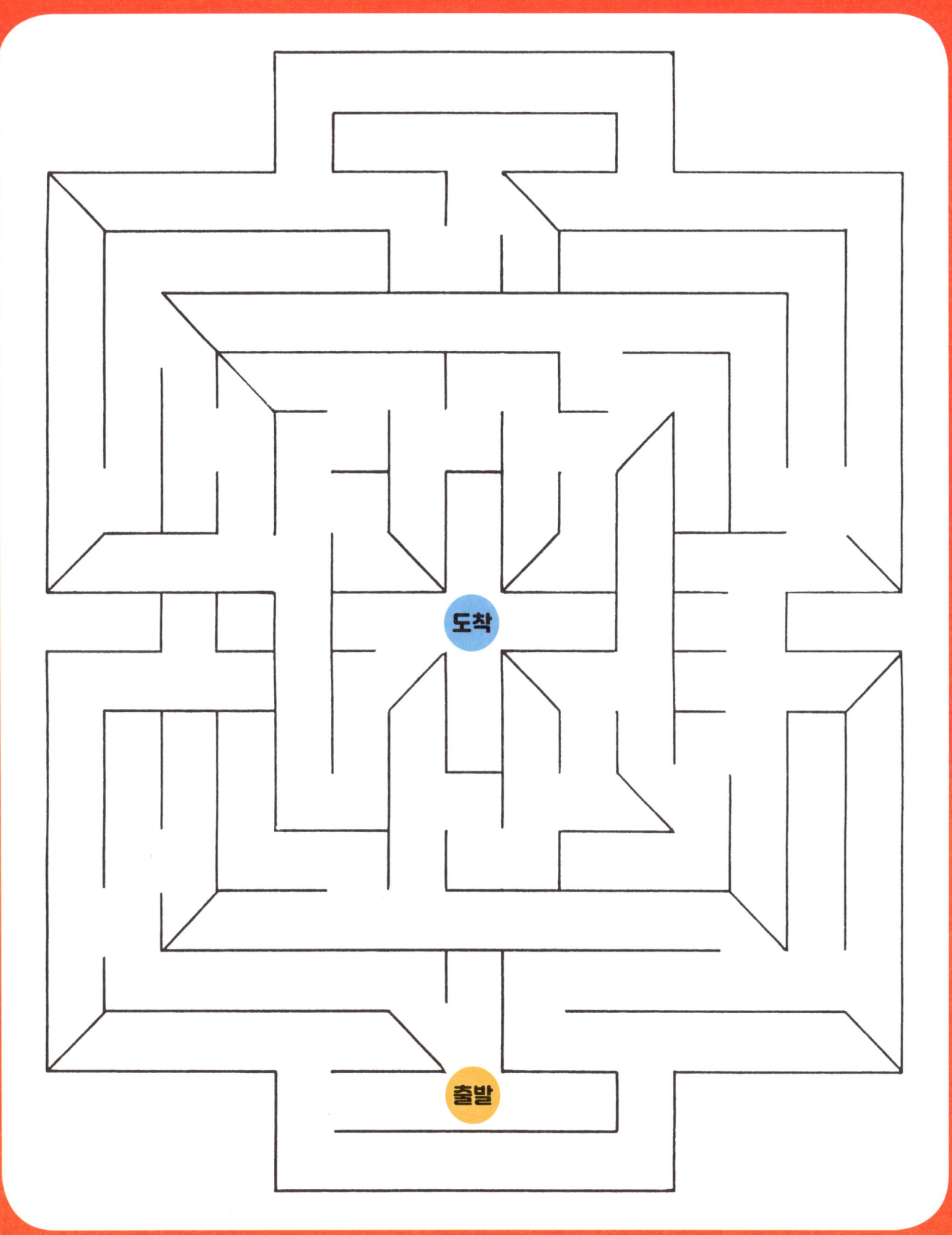

85 나뭇잎이 바스락바스락

86 지그재그 미로를 요리조리 빠져나가자

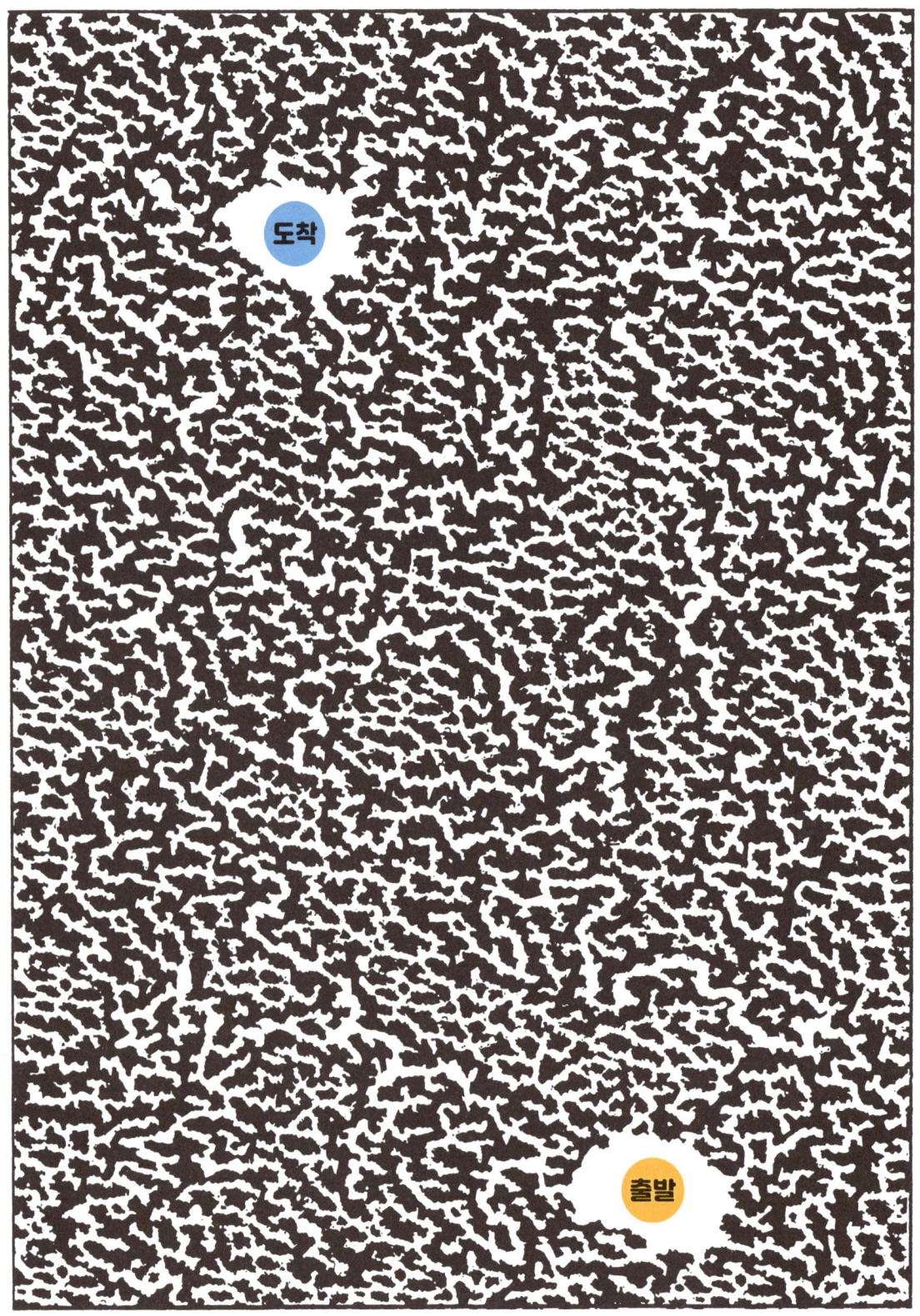

고대 벽화에는 어떤 이야기가 숨어 있을까? 87

정답

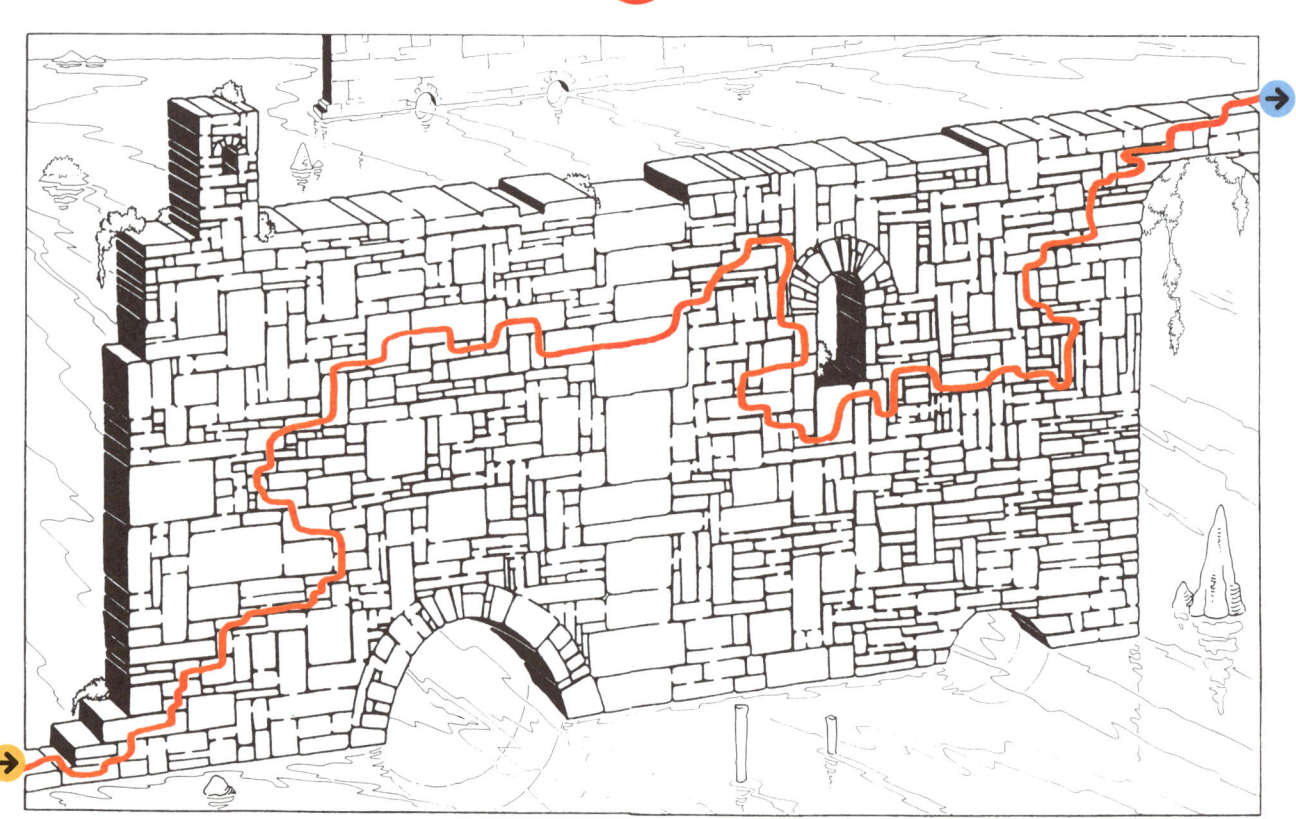

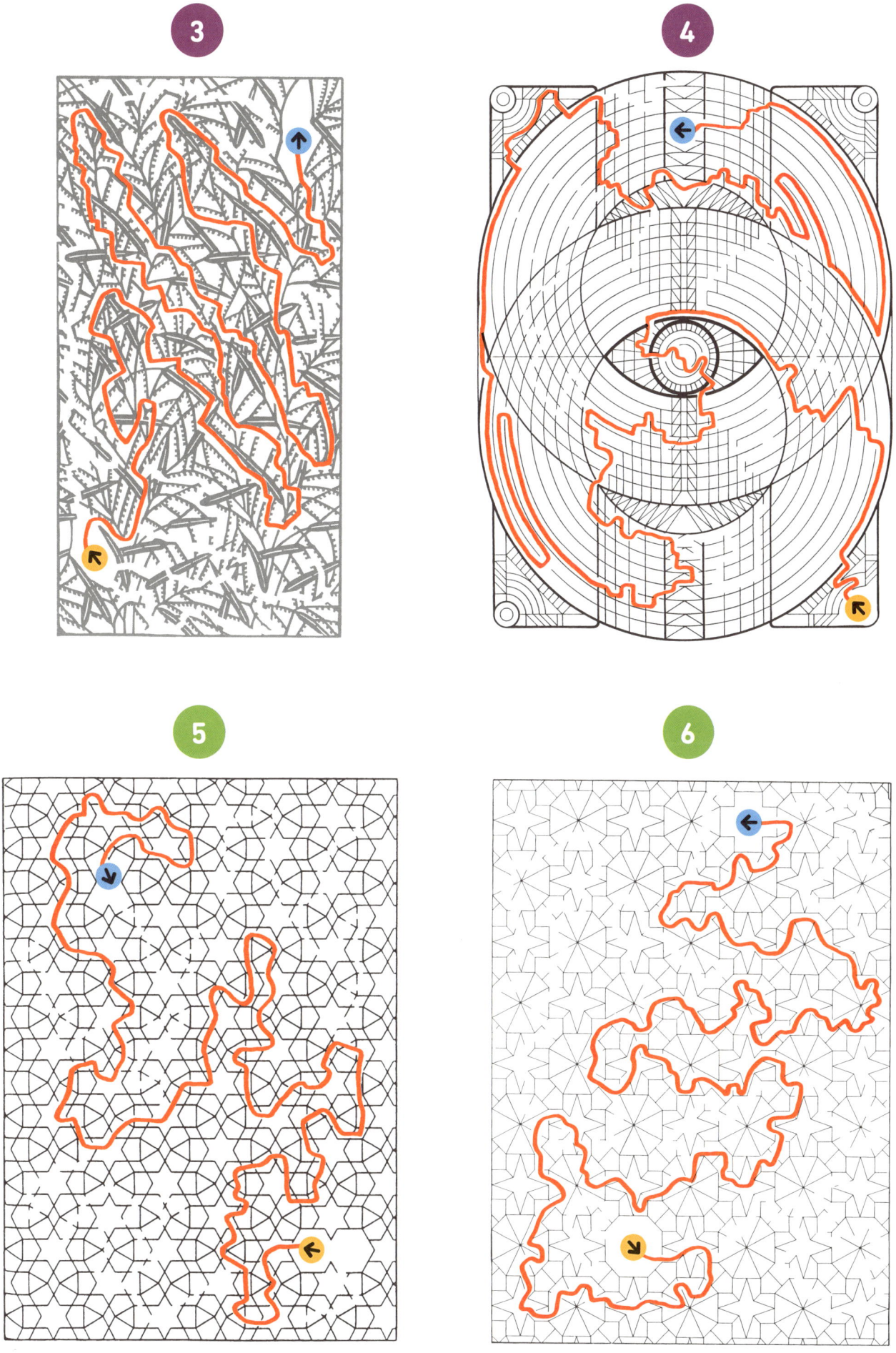

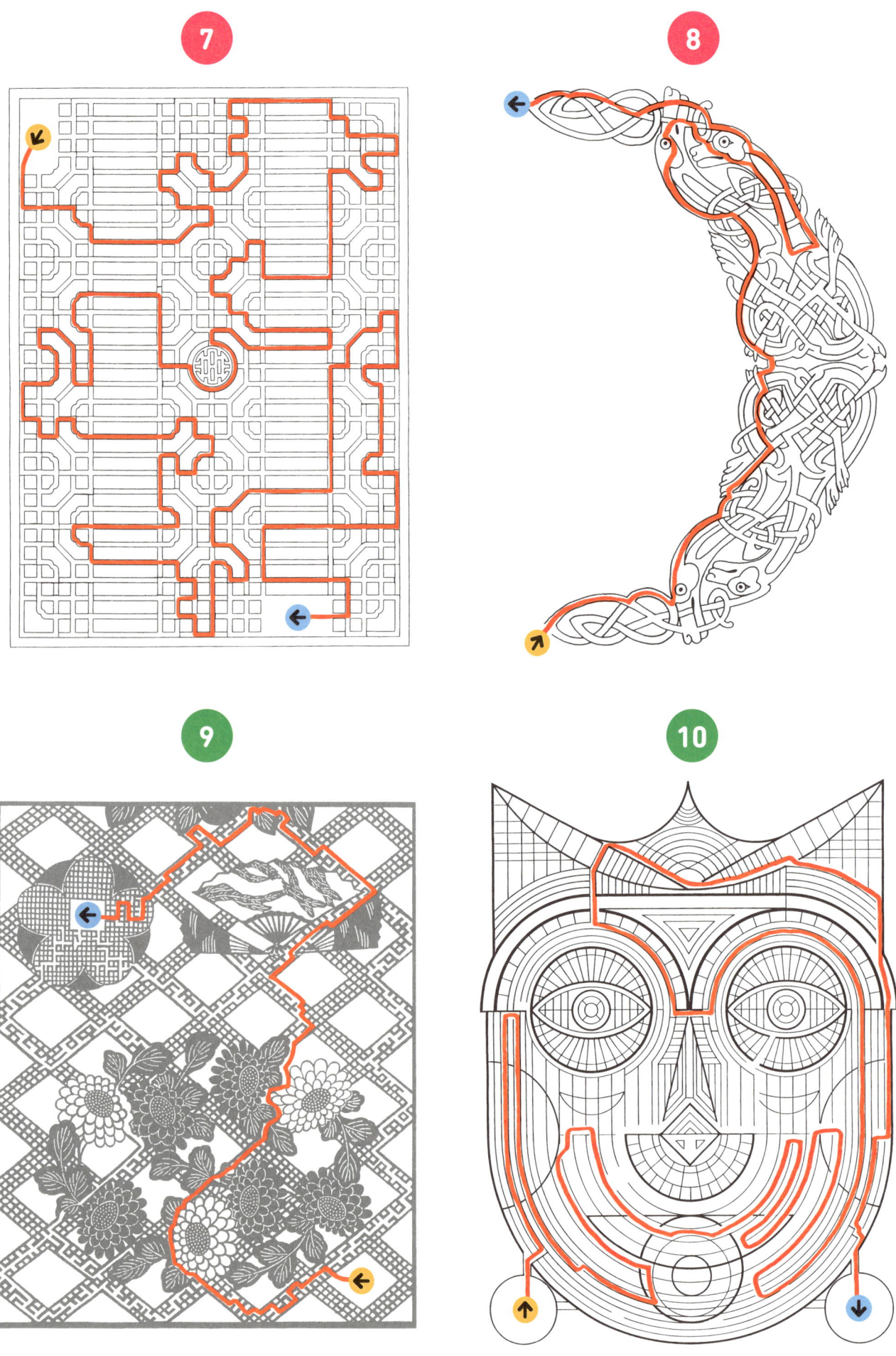

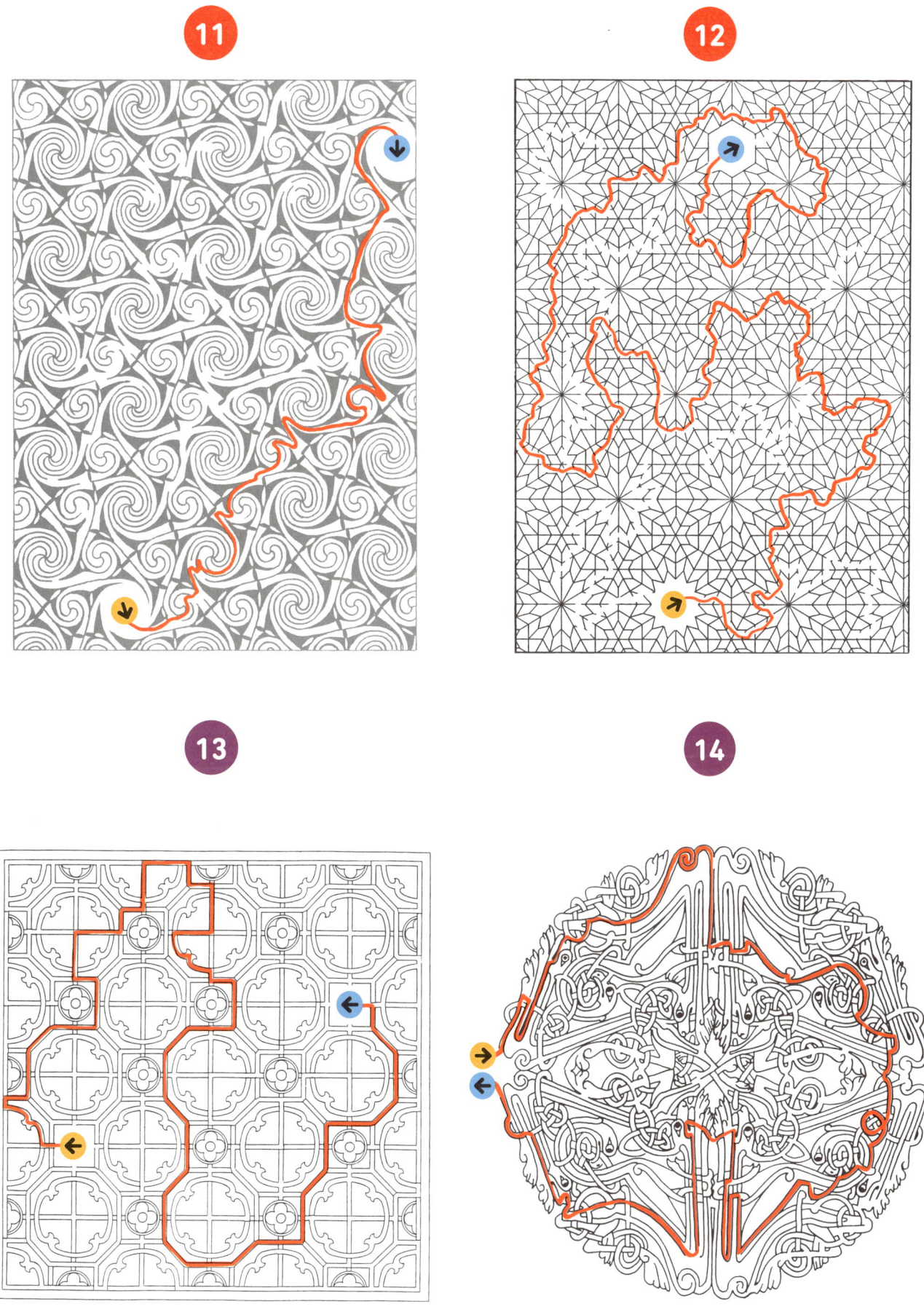

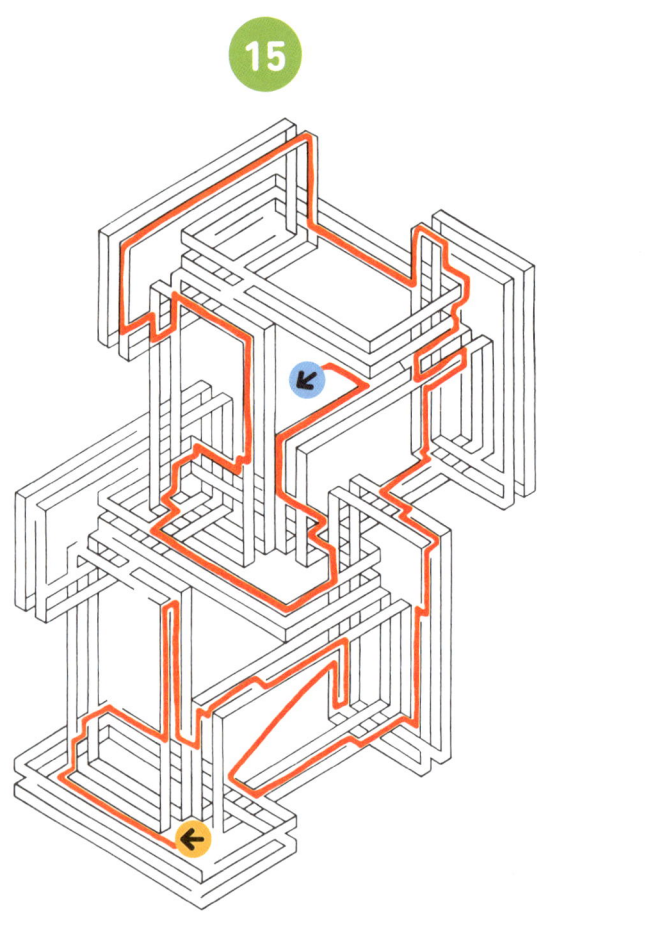
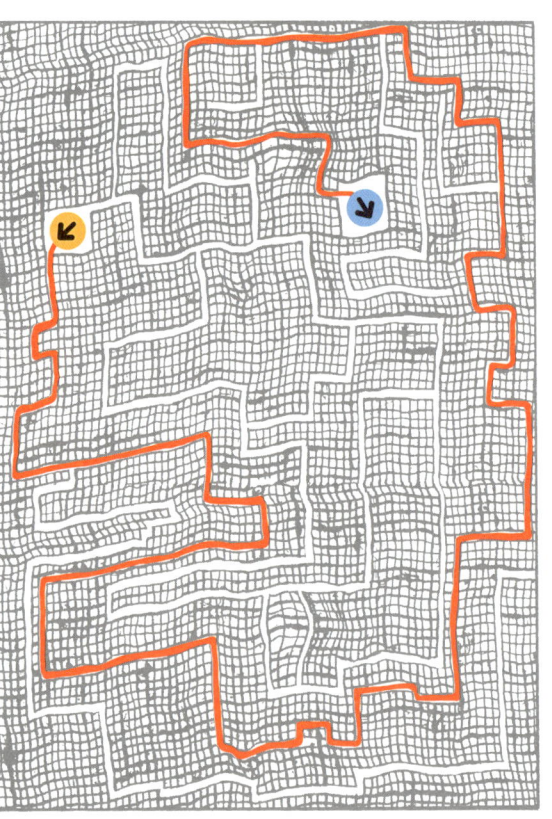
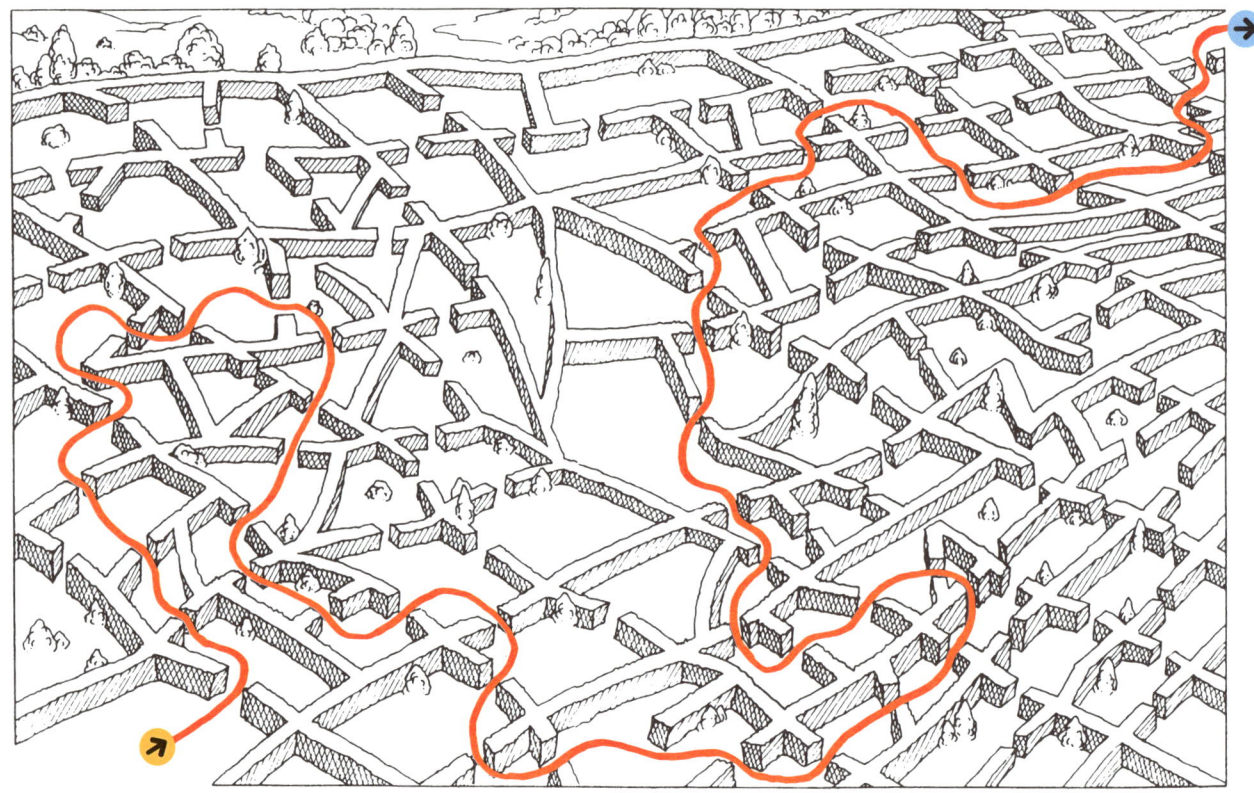

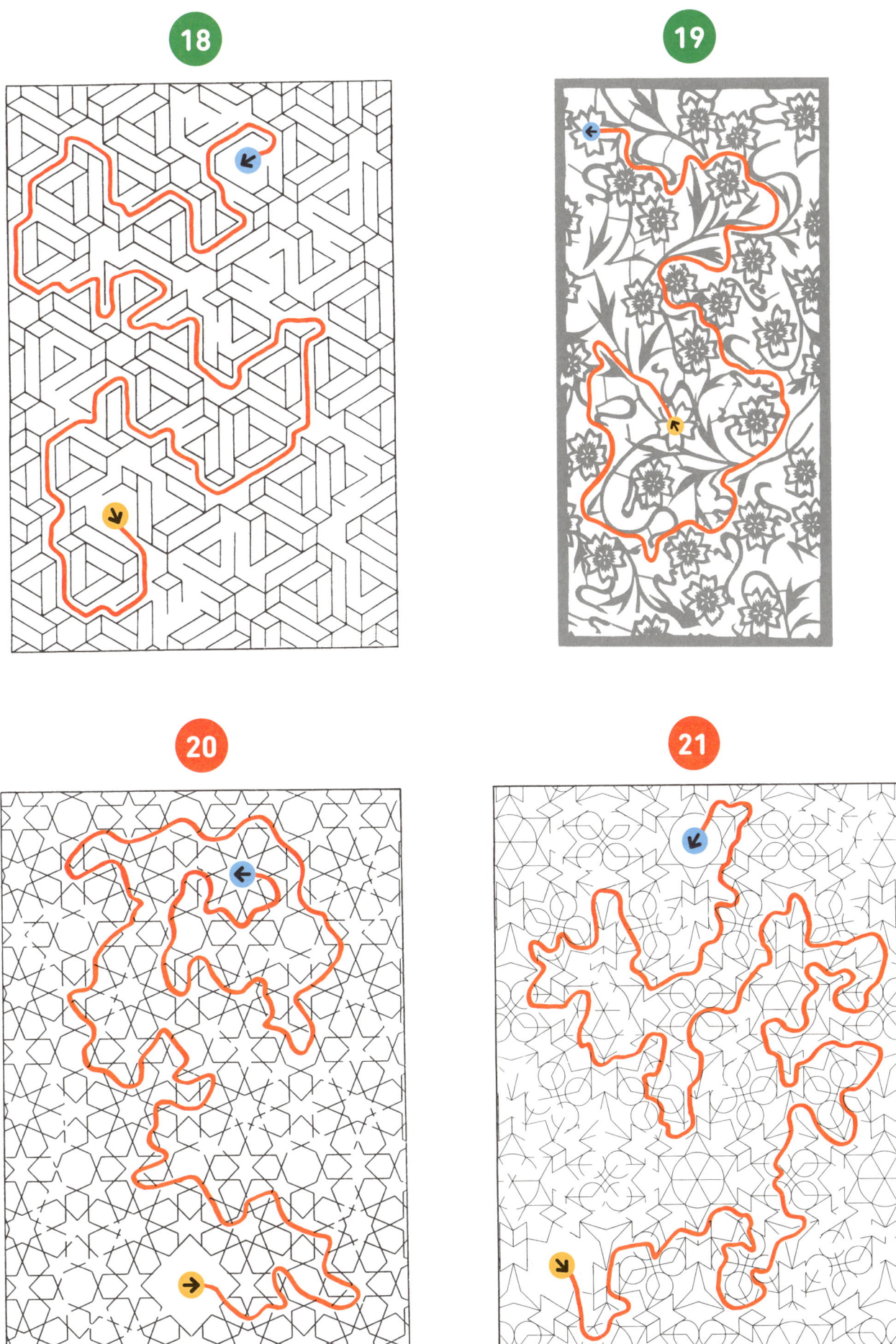

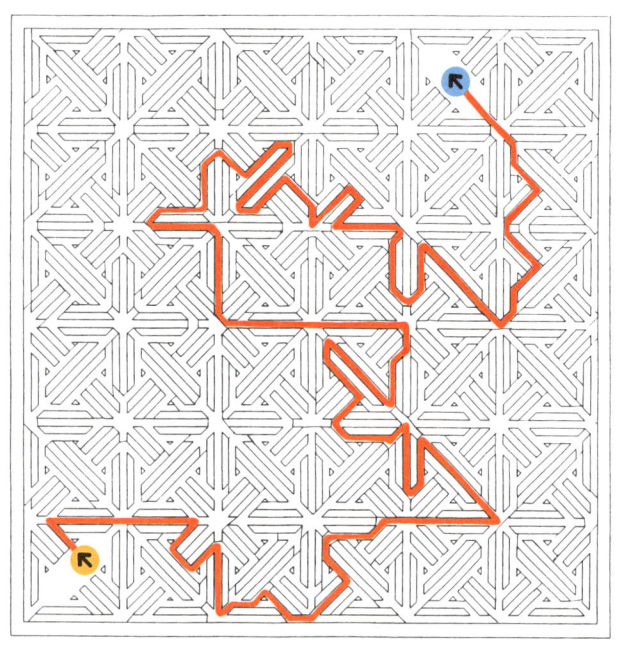
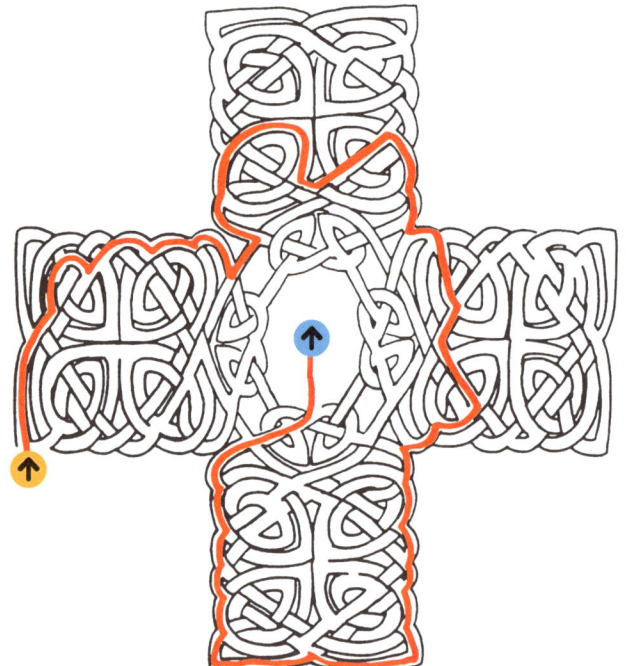
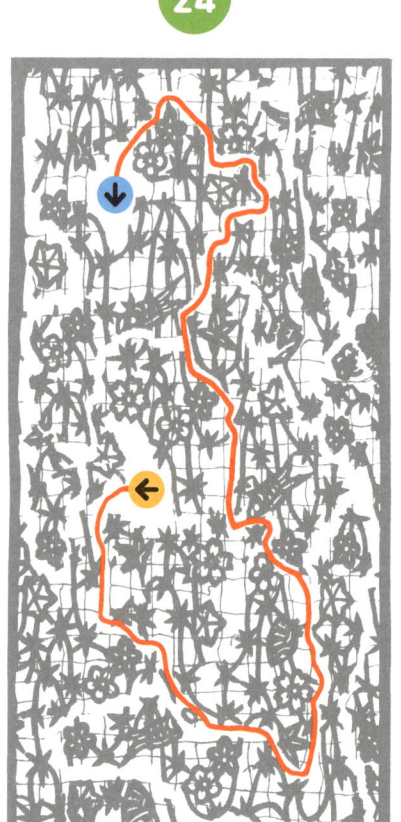
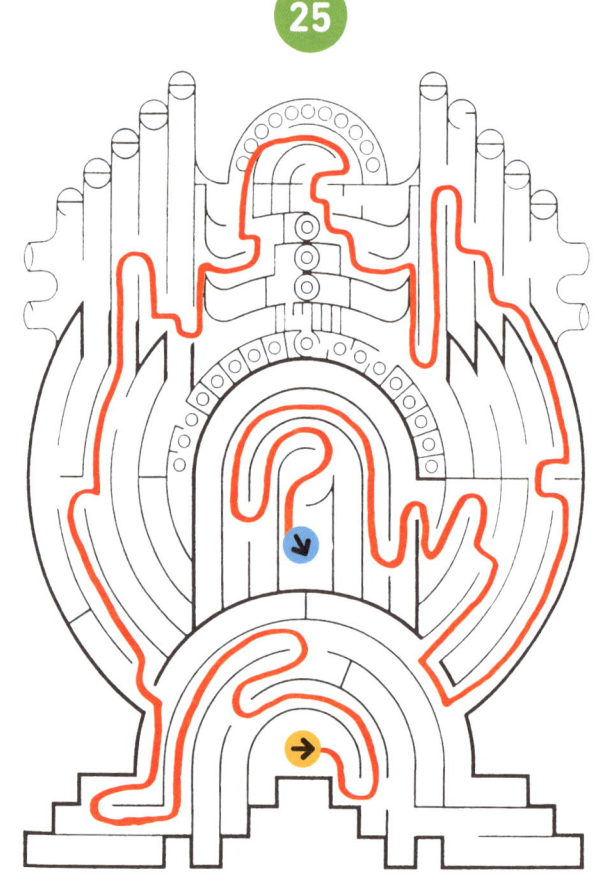

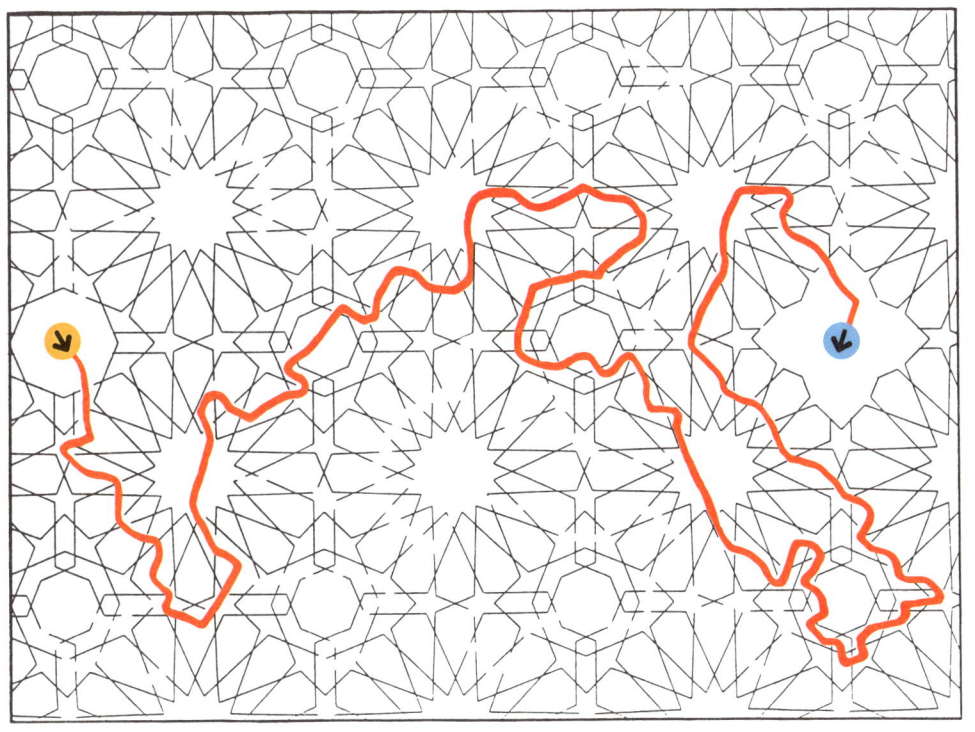

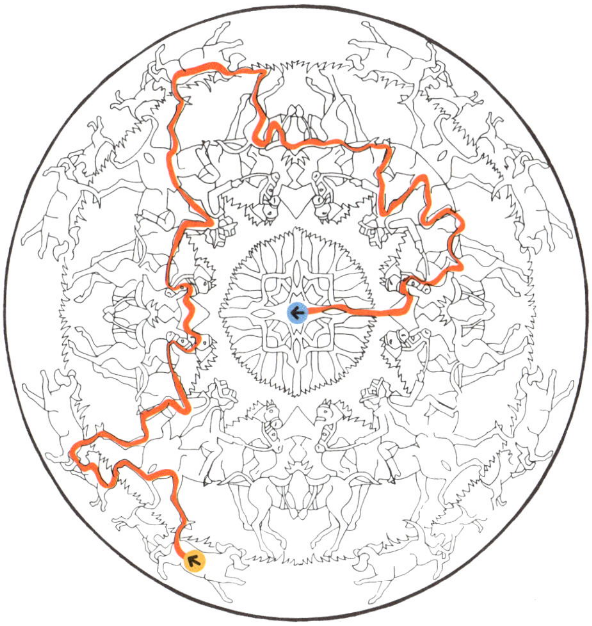

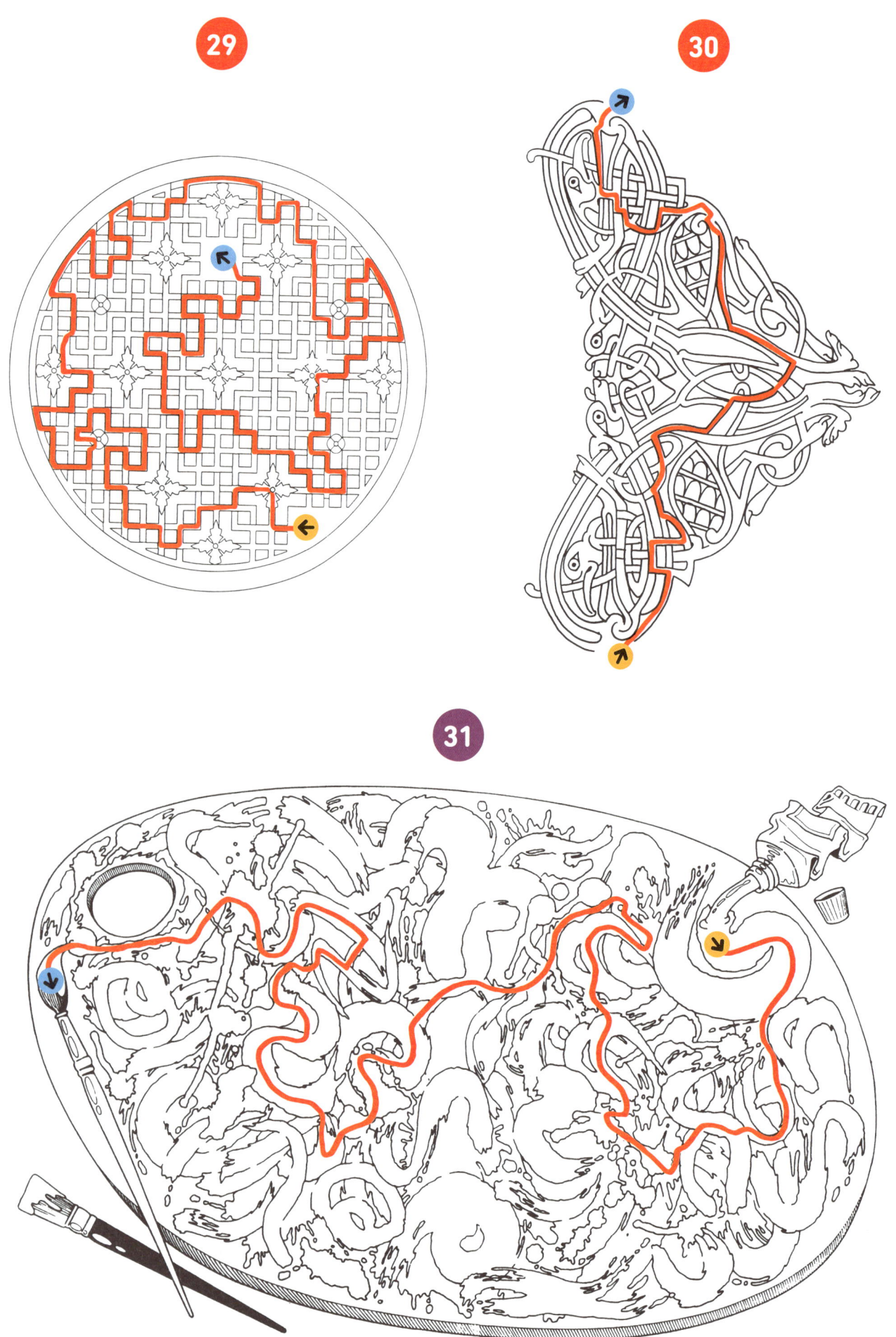

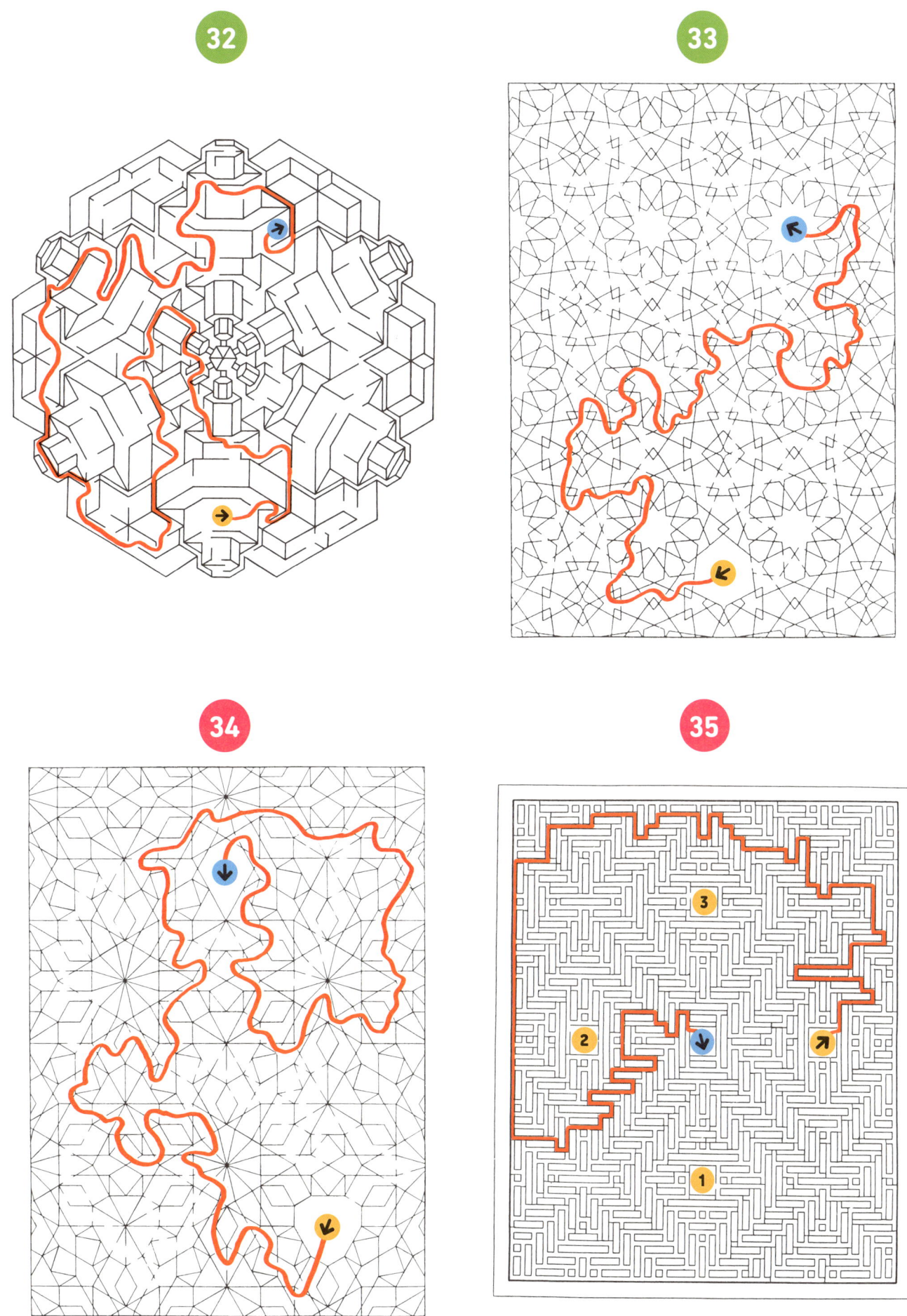

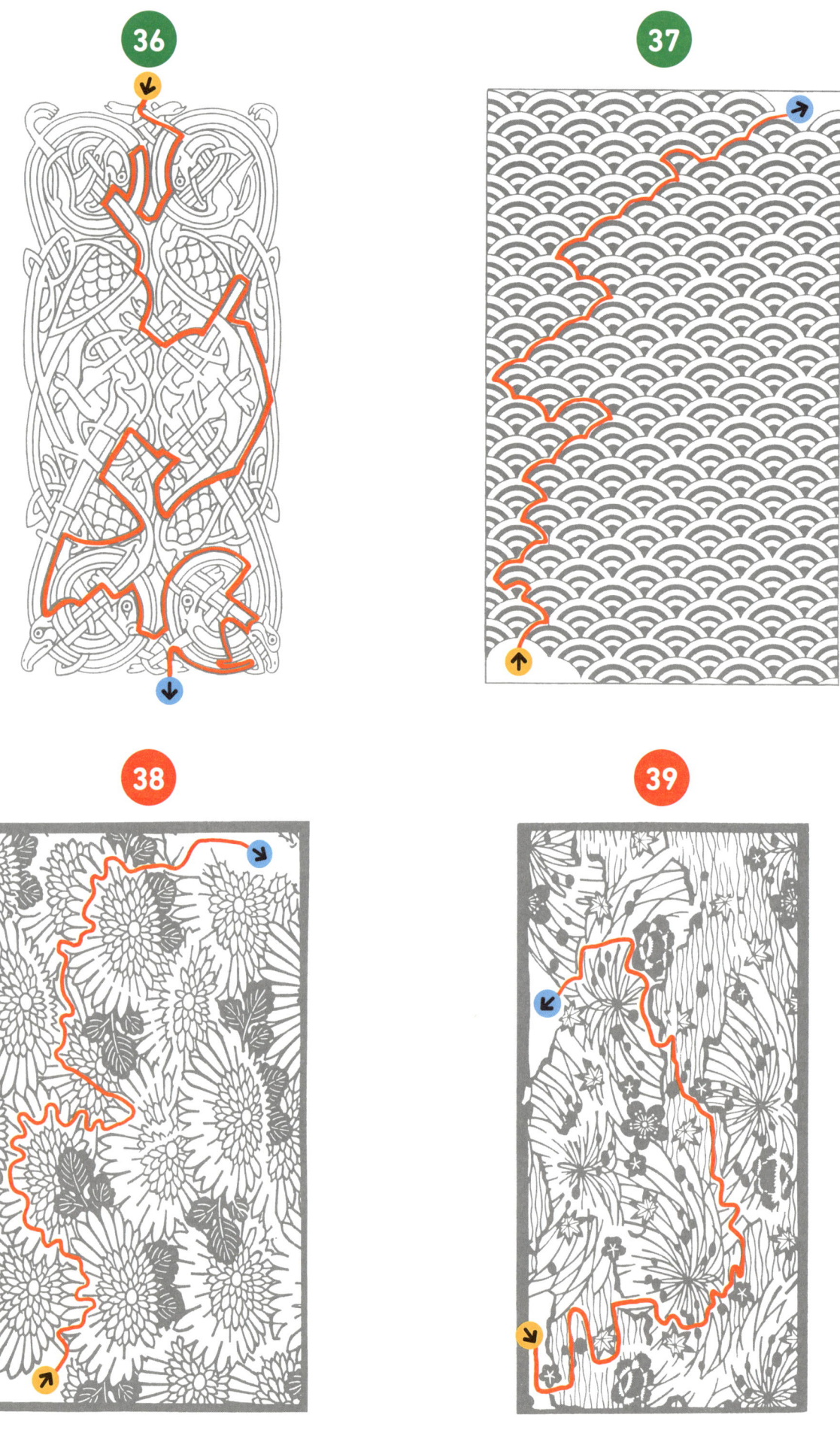

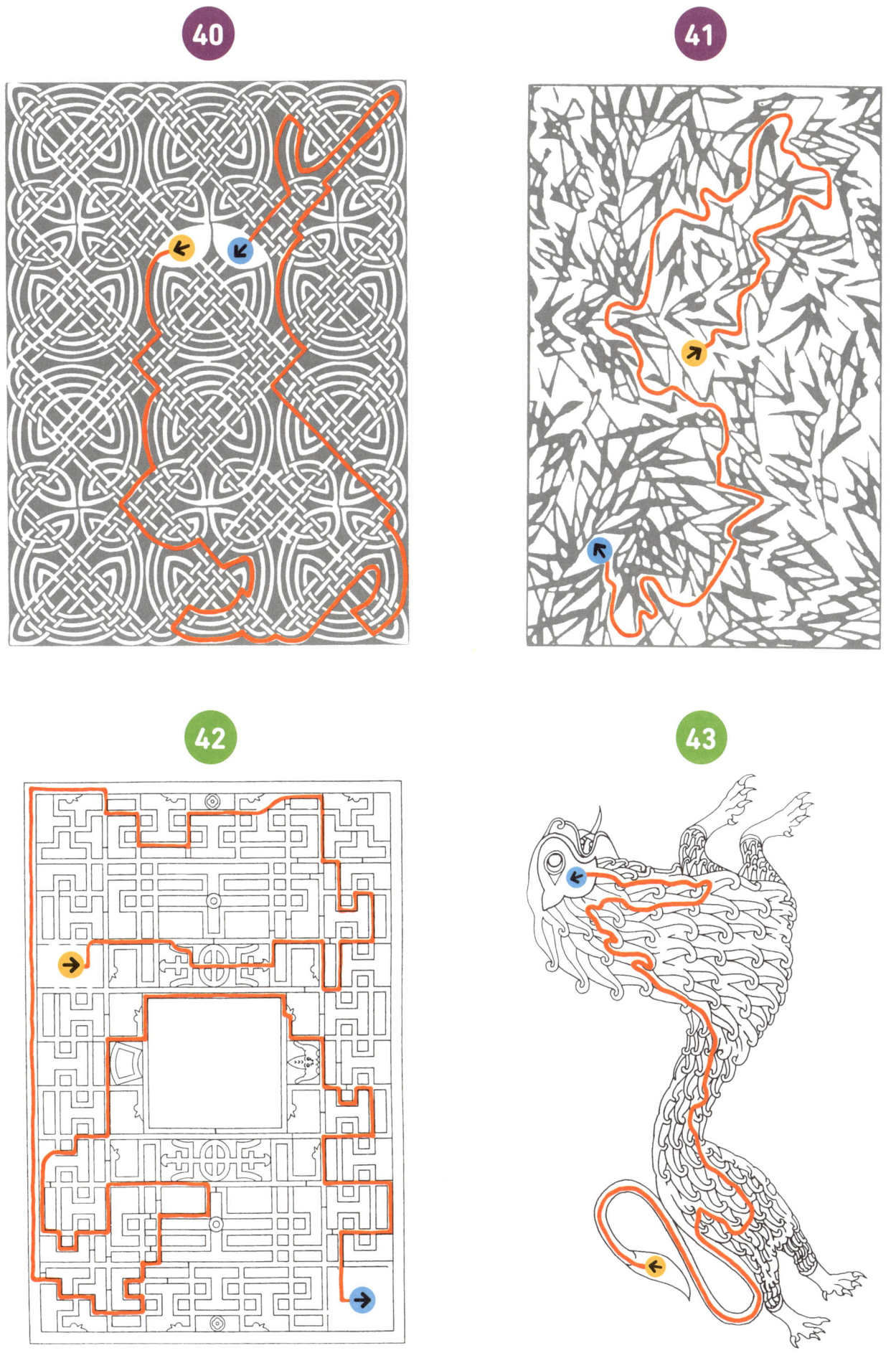

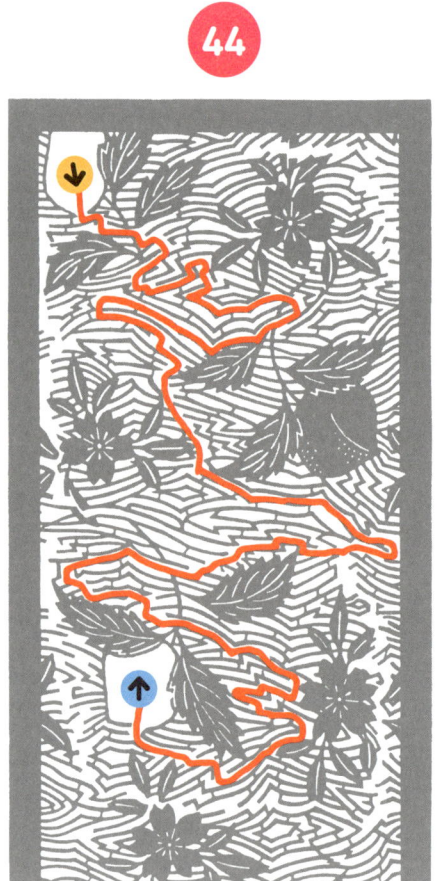

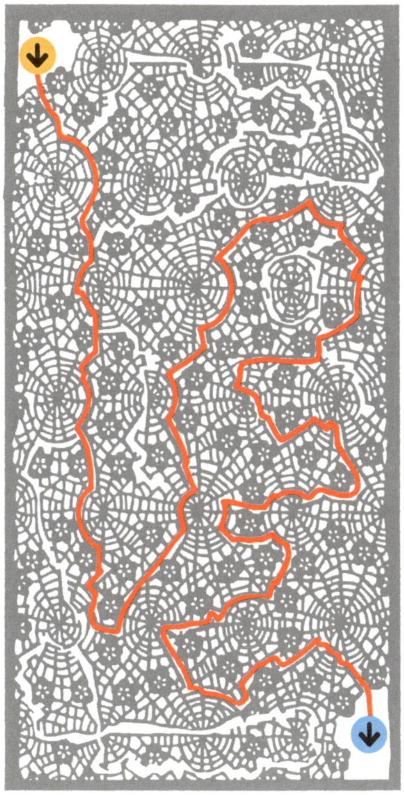

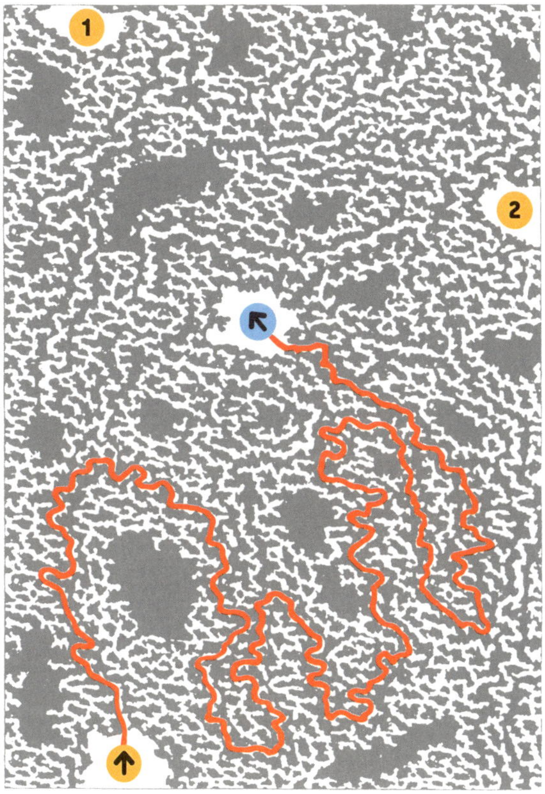

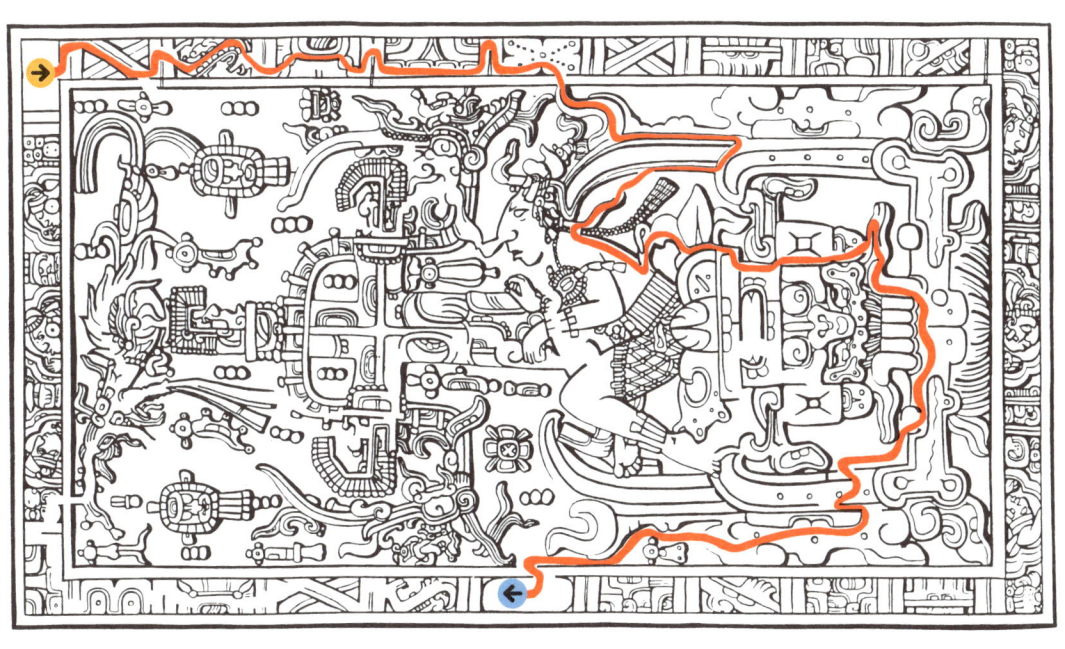

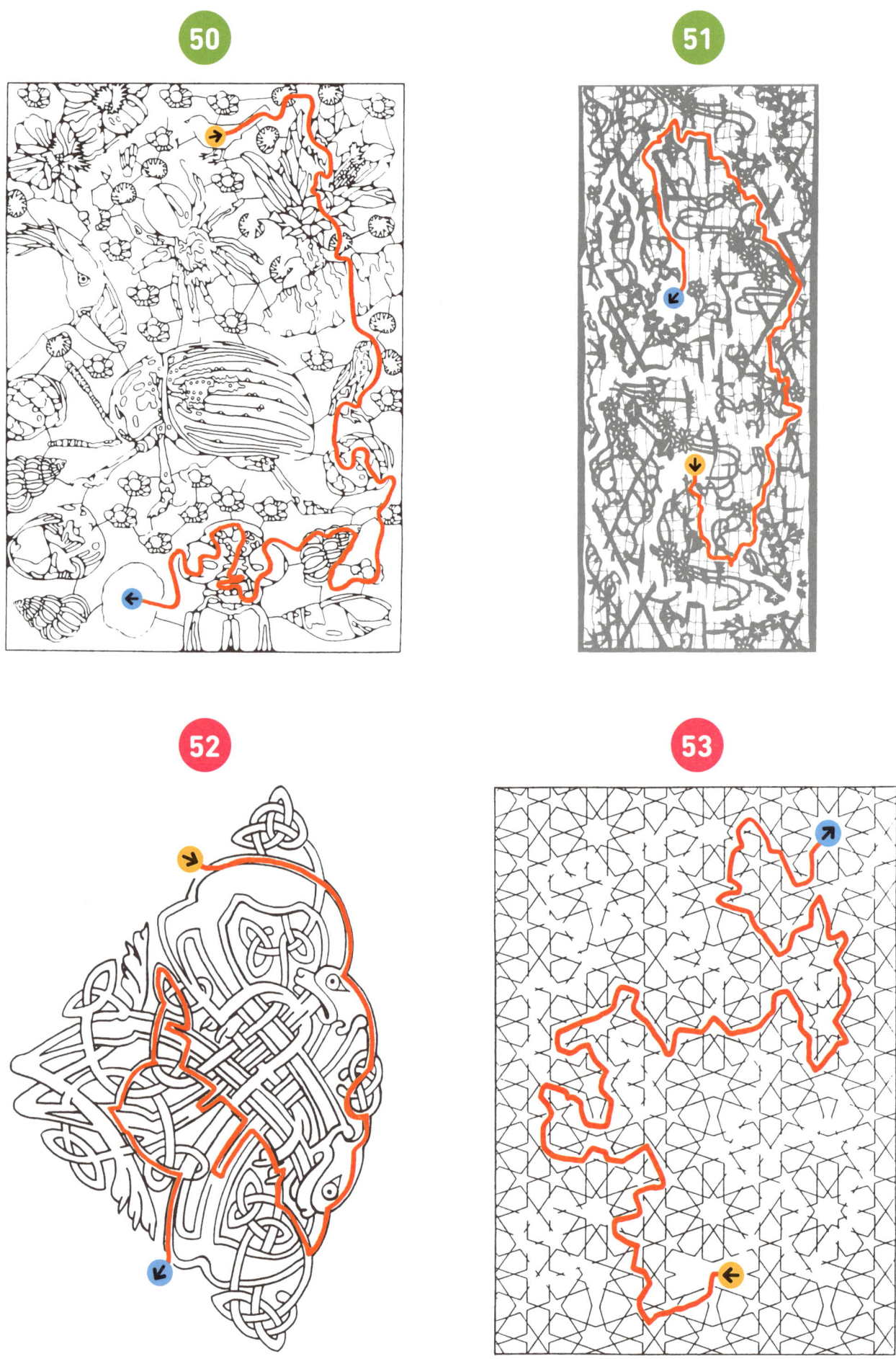

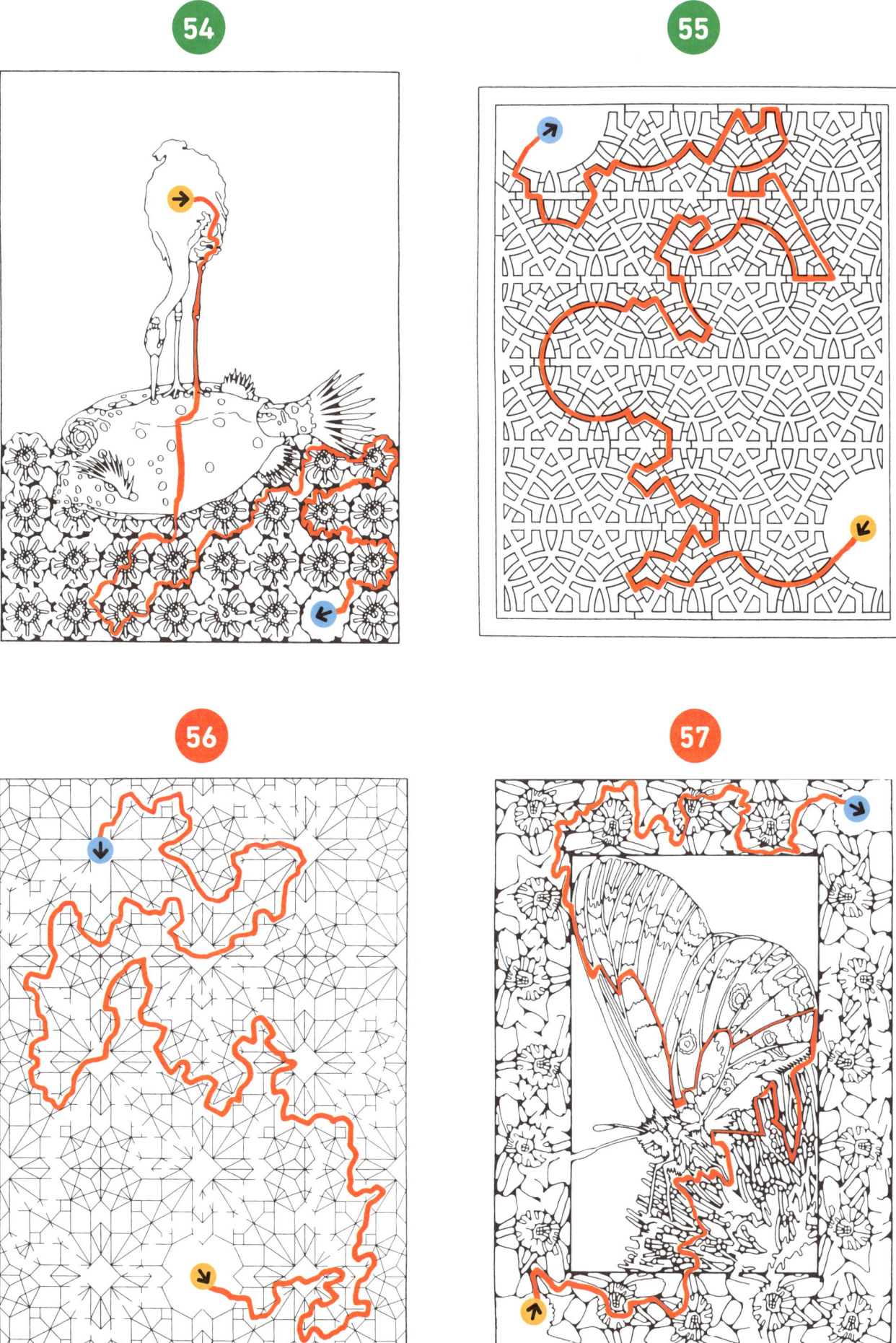

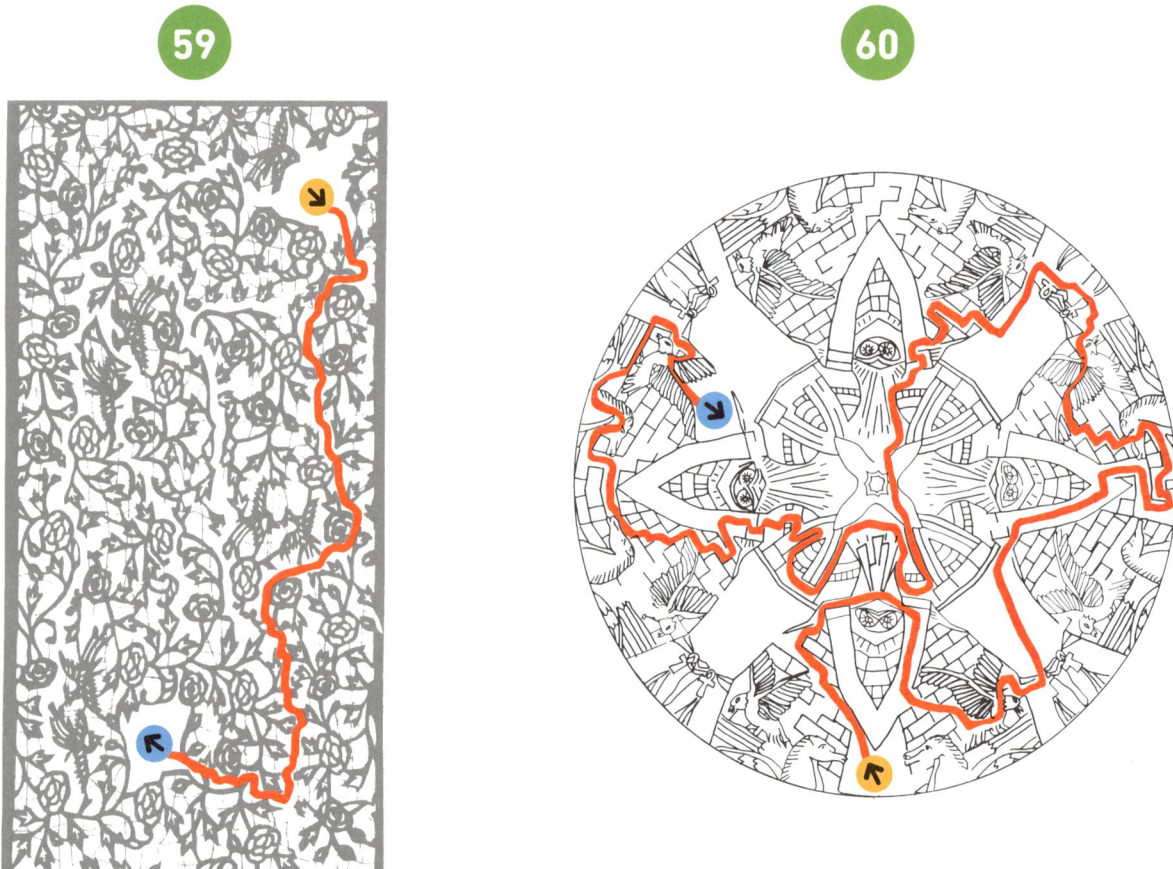

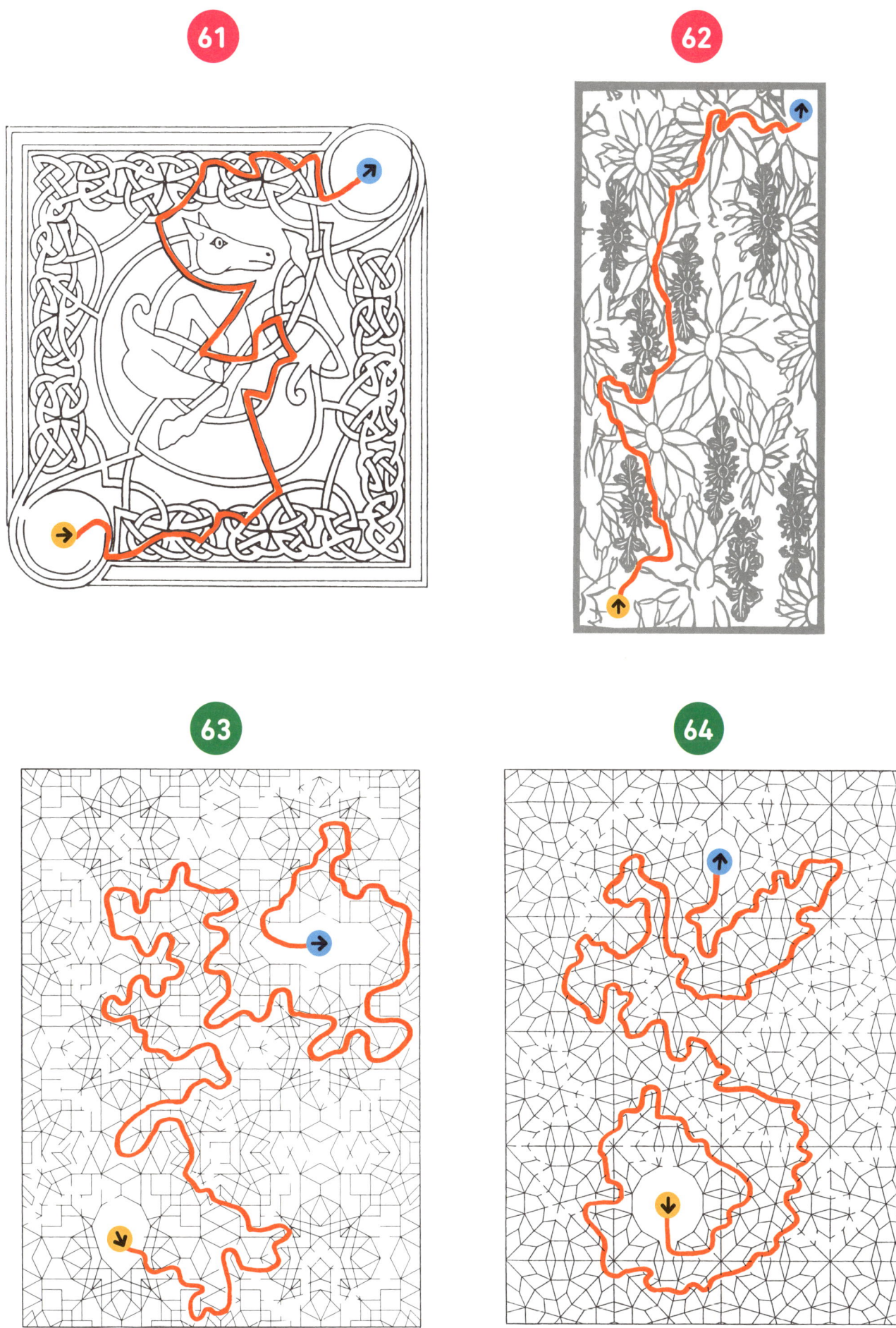

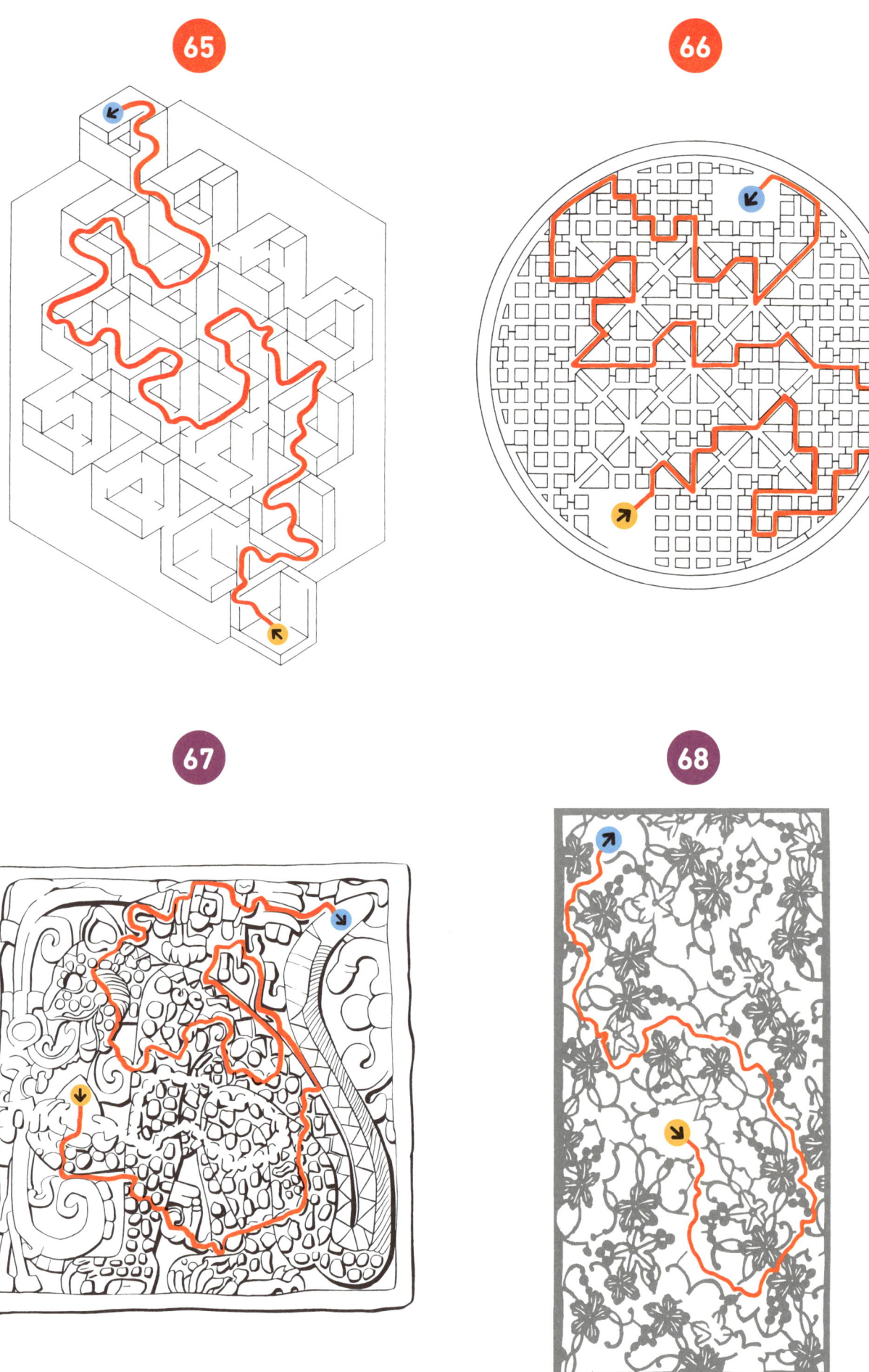

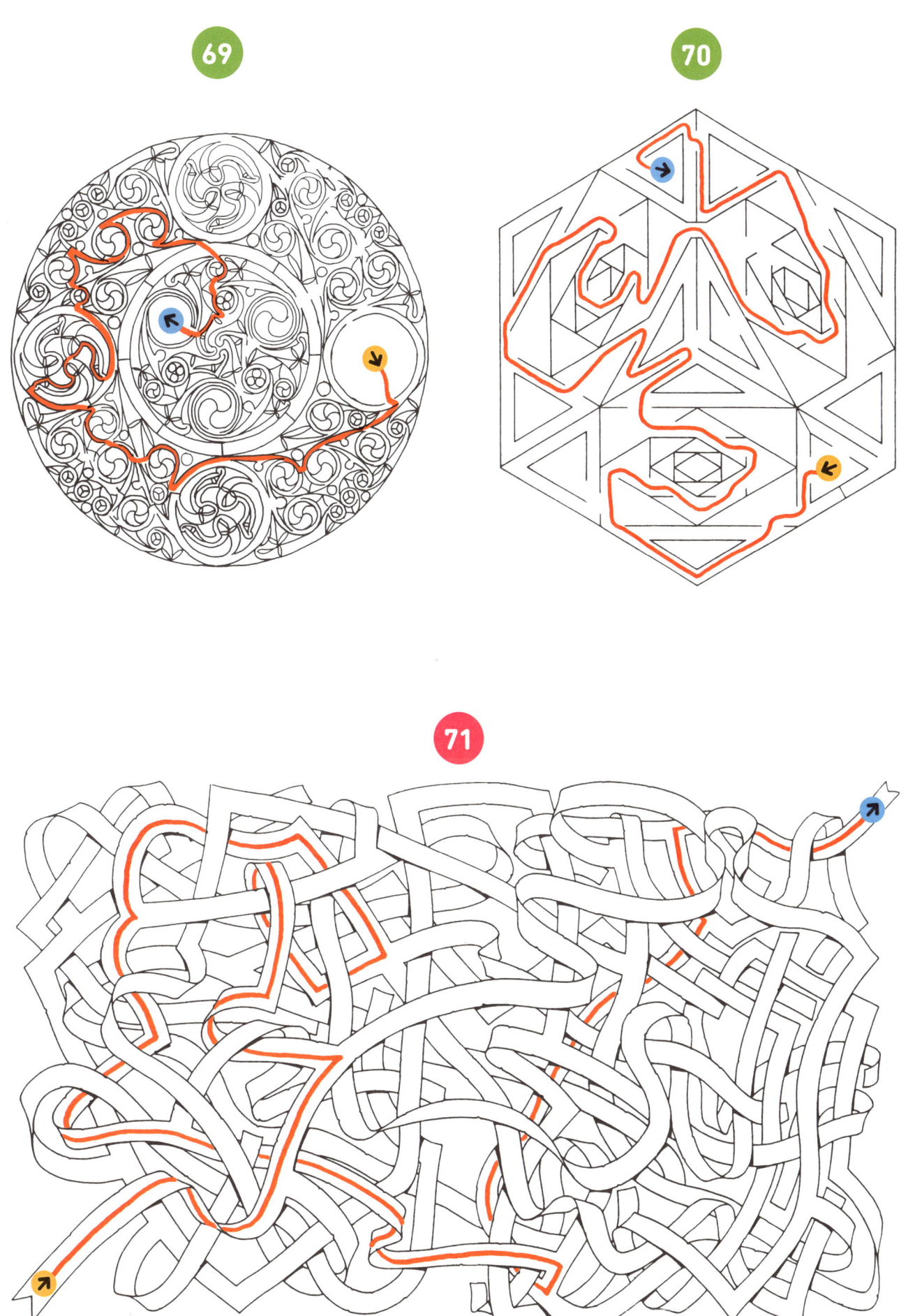

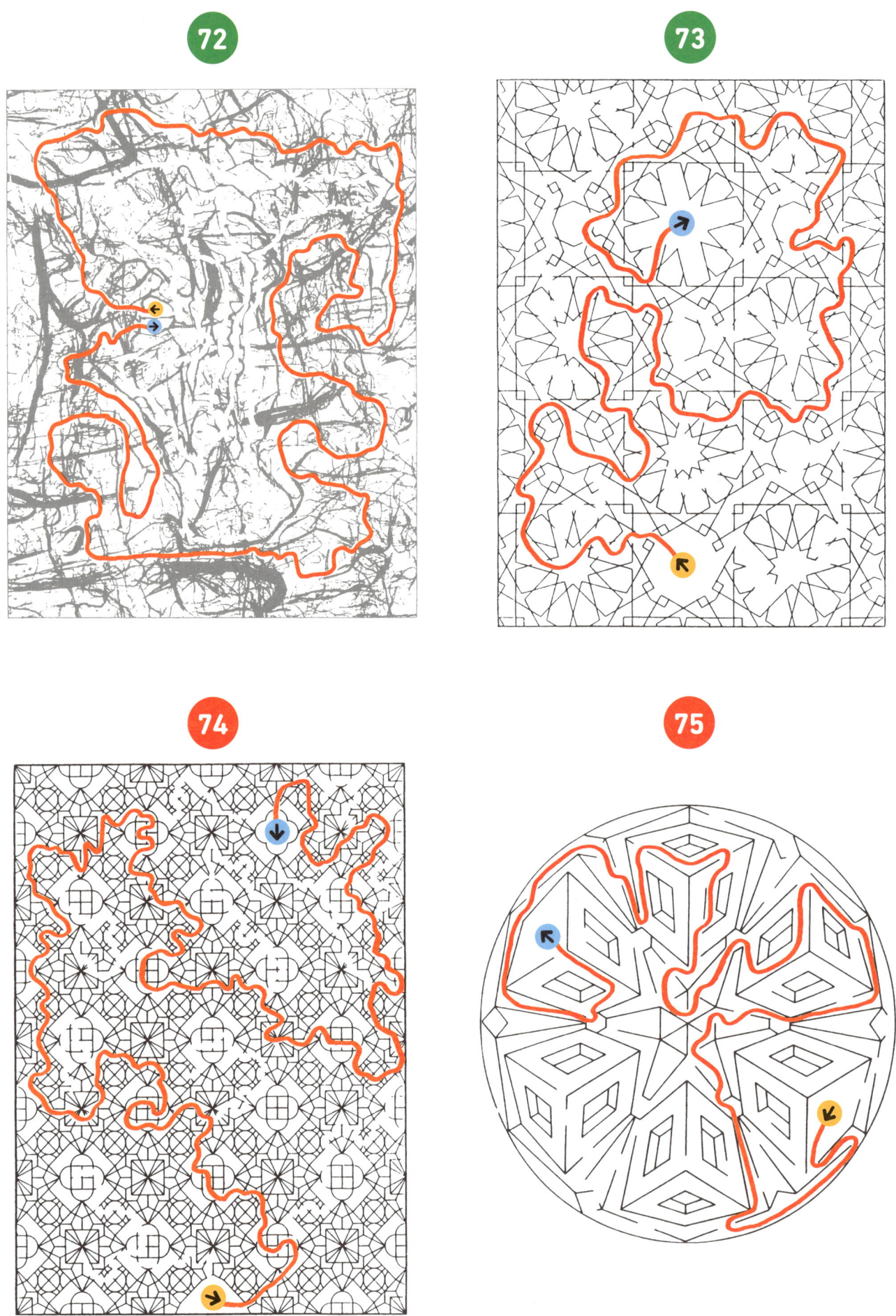

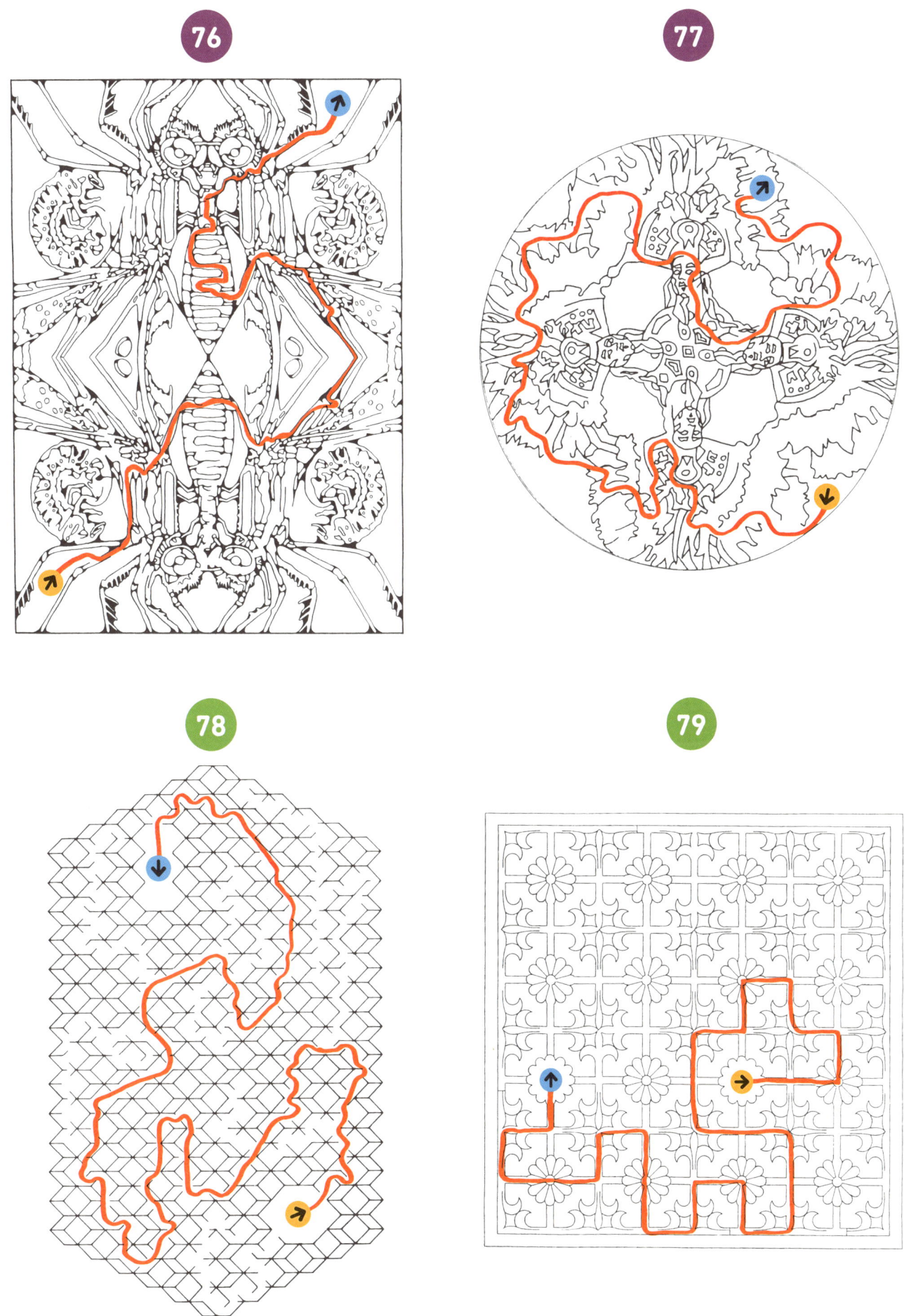

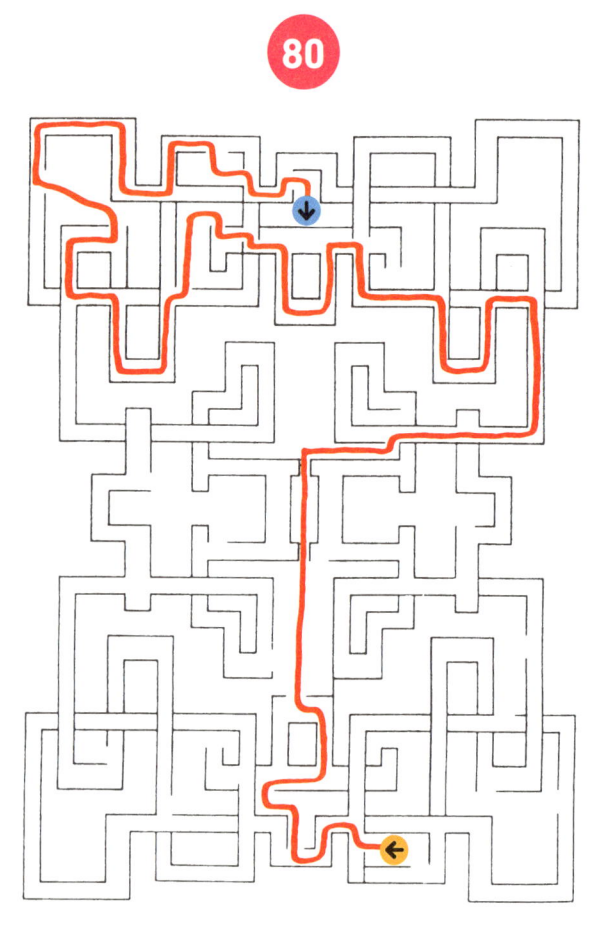
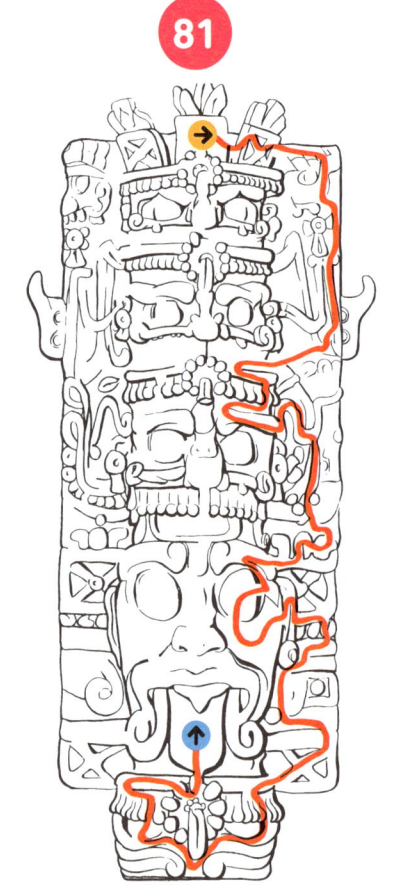

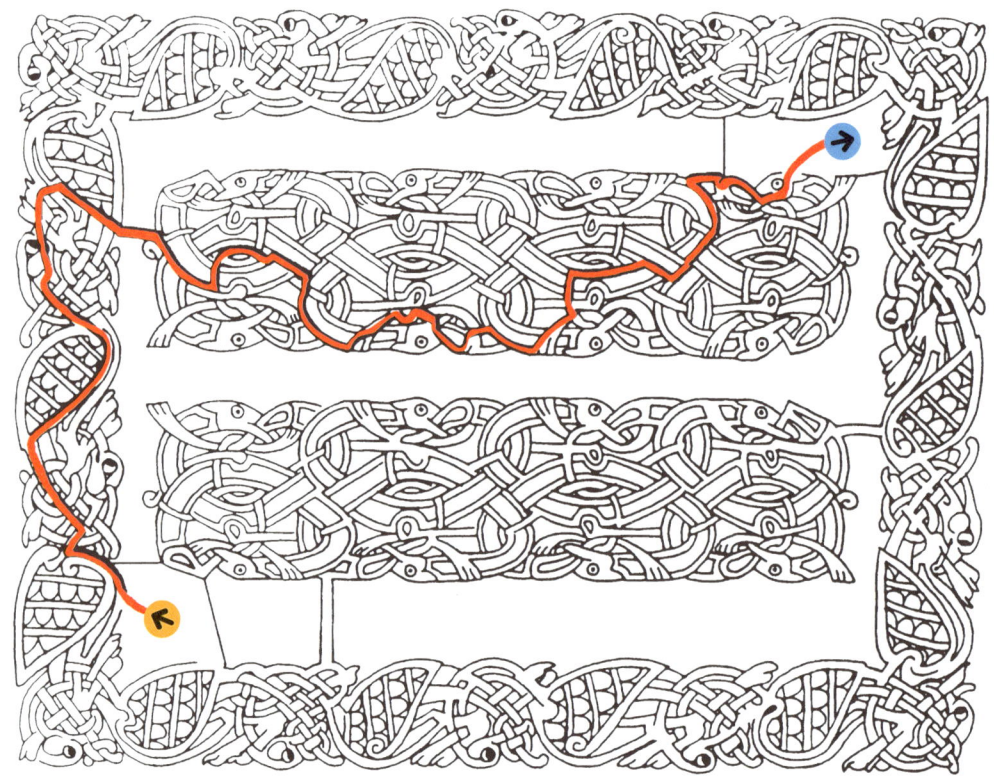

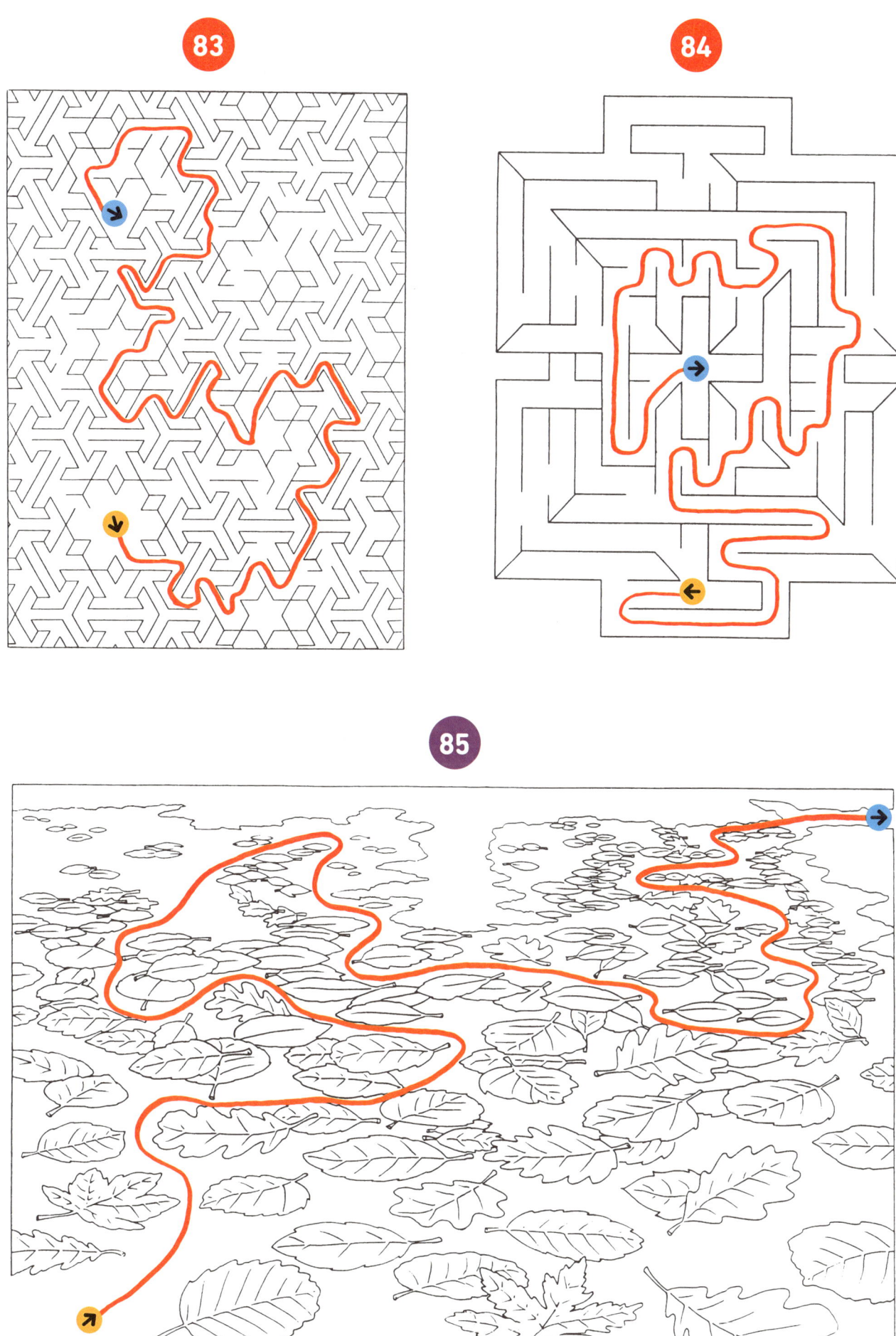

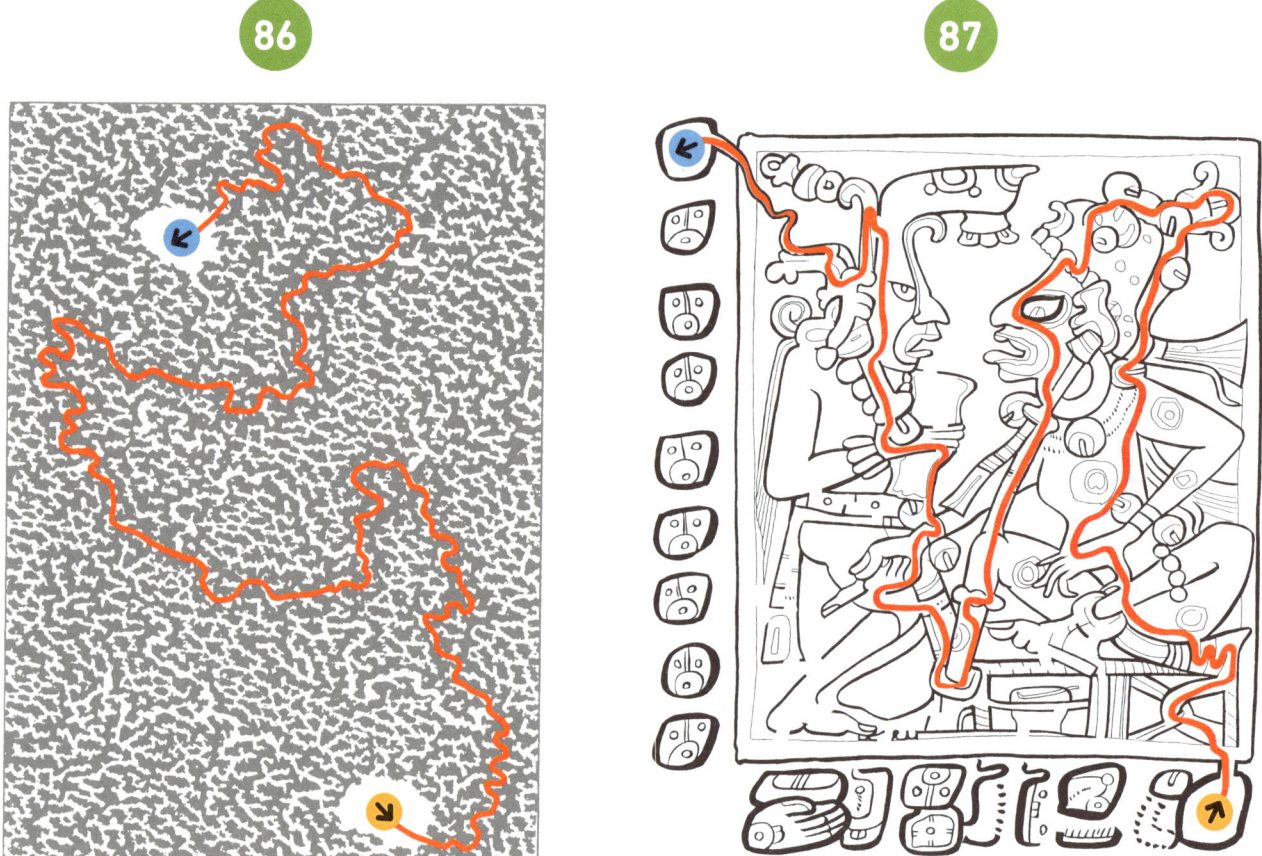

초등학생을 위한 탐구활동 교과서
교과서 잡는 바이킹 시리즈
교과서가 재밌어진다! 공부가 쉬워진다!

초등 교과 연계 도서 / 초등학생 필독서 / 어린이 베스트셀러

STEAM 초등 과학 실험 캠프
조건호 지음 | 민재회 그림

초등학생을 위한 과학실험 380
E. 리처드 처칠 외 지음 | 천성훈 감수

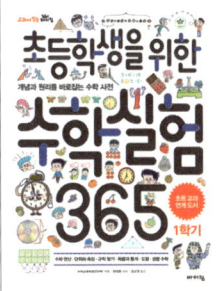
초등학생을 위한 수학실험 365 1학기
수학교육학회연구부 지음 | 천성훈 감수

초등학생을 위한 수학실험 365 2학기
수학교육학회연구부 지음 | 천성훈 감수

초등학생을 위한 요리 과학실험 365
주부와 생활사 지음 | 천성훈 감수

초등학생을 위한 요리 과학실험실
정주현, 달달샘 김해진 감수

초등학생을 위한 개념 과학 150
정윤선 지음 | 정주현 감수

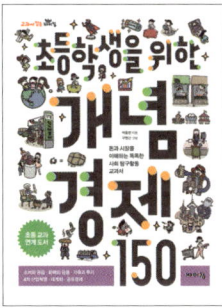
초등학생을 위한 개념 경제 150
박효연 지음 | 구연산 그림

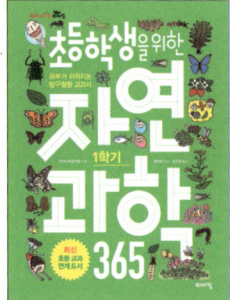
초등학생을 위한 자연과학 365 1학기
자연사학회연합 지음 | 정주현 감수

초등학생을 위한 자연과학 365 2학기
자연사학회연합 지음 | 정주현 감수

초등학생을 위한 개념 한국지리 150
고은애 외 지음 | 전국지리교사모임 감수

초등학생을 위한 개념 국어: 고사성어
최지희 지음 | 김도연 그림

초등학생을 위한 교과서 속담 사전
은옥 글·그림 | 전기현 감수

생각이 자라는 어린이책 바이킹
블로그 blog.naver.com/vikingbook
인스타그램 @viking_kidbooks

멘사 어린이 시리즈

멘사코리아 감수

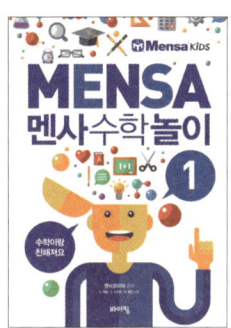

**멘사 수학 놀이 1 :
수학이랑 친해져요**

해럴드 게일 외 지음 | 멘사코리아 감수

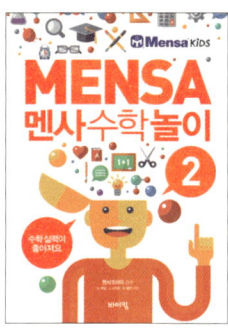

**멘사 수학 놀이 2 :
수학 실력이 좋아져요**

해럴드 게일 외 지음 | 멘사코리아 감수

**멘사 수학 놀이 3 :
수학 점수가 올라가요**

해럴드 게일 외 지음 | 멘사코리아 감수

멘사 개념 수학 퍼즐

존 브렘너 지음 | 멘사코리아 감수

멘사 수학 퍼즐

해럴드 게일 외 지음 | 멘사코리아 감수

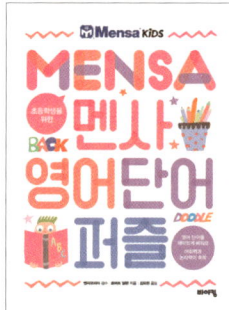

멘사 영어 단어 퍼즐

로버트 앨런 지음 | 멘사코리아 감수

멘사 추리 퍼즐

로버트 앨런 지음 | 멘사코리아 감수

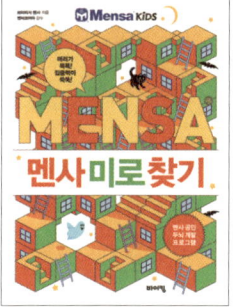

**멘사 미로 찾기 :
머리가 똑똑! 집중력이 쑥쑥!**

브리티시 멘사 지음 | 멘사코리아 감수

어린이 인도 베다수학 시리즈

**계산이 빨라지는
인도 베다수학**

마키노 다케후미 지음 | 고선윤 옮김

**도형이 쉬워지는
인도 베다수학**

마키노 다케후미 지음 | 고선윤 옮김

**암산이 빨라지는
인도 베다수학**

인도수학연구회 지음 | 라니 산쿠 감수